写单位：诸暨市文学艺术界联合会　　丛书主

诸暨市文联「乡贤丛书」

戴思恭传

明代名医的传奇人生

边建松◎著

浙江工商大学出版社
ZHEJIANG GONGSHANG UNIVERSITY PRESS
·杭州·

图书在版编目(CIP)数据

戴思恭传 / 边建松著. — 杭州 ：浙江工商大学出版社，2020.5

ISBN 978-7-5178-3798-5

Ⅰ. ①戴… Ⅱ. ①边… Ⅲ. ①戴思恭　传记 Ⅳ. ①K826.2

中国版本图书馆 CIP 数据核字(2020)第 058156 号

戴思恭传

DAISIGONG ZHUAN

边建松 著

责任编辑　杨　戈
封面设计　雪　青
责任印制　包建辉
出版发行　浙江工商大学出版社
（杭州市教工路 198 号　邮政编码 310012）
（E-mail：zjgsupress@163.com）
（网址：http://www.zjgsupress.com）
电话：0571-88904980，88831806（传真）
排　　版　杭州朝曦图文设计有限公司
印　　刷　杭州高腾印务有限公司
开　　本　710mm×1000mm　1/16
印　　张　7
字　　数　120 千
版 印 次　2020 年 5 月第 1 版　2020 年 5 月第 1 次印刷
书　　号　ISBN 978-7-5178-3798-5
定　　价　28.00 元

浙江工商大学出版社营销部邮购电话　0571-88904970

朱丹溪画像

戴思恭像

戴思恭墓碑篆额

序

在尘世幽微处找寻人生诗意

戴思恭到苏州悬壶行医时，王宾尚未知医，慕名前往面谒并咨学医之道。戴思恭告知其须熟读《素问》，王宾归而苦学三载。三年后戴思恭见到王宾，闻王宾谈论医理，大为惊骇，自叹不如。王宾虽精熟医学理论，但还未能临诊。戴思恭有《丹溪医案》十卷，秘不示人。王宾私窥而知其藏处，等戴思恭外出，“见其书八册”，径取归。王宾得到《丹溪医案》后，深入研读，指导实践，用则神效，“于是仲光之医名吴下，吴下之医由是盛矣”。

这段王宾偷窃《丹溪医案》而使吴医中兴的公案，记录在边建松新著《戴思恭传》里。故事辽远，人事披覆，读来却是脉络分明，妙趣横生，让人感叹世事何其幽微！

我一直以为，医学是件非常严肃的事情。童年时，有许多烂漫往事，打针吃药是其中少有的恐怖记忆；成年后，做学问成了蹉跎岁月中唯一尚须认真对待的事情。这个王宾偷窃《丹溪医案》终成一大家的桥段，直接颠覆了我关于医学的全部认知。尘世，原来更加有趣；人生，原来更有诗意。

戴思恭出生于马剑乡野，虽以医术名世，官至太医院使，被誉为“国朝之圣医”，却是个“事了拂衣去，深藏功与名”的人物。沿着马剑蜿蜒的小道，去对话六百年前的这样一位明代医家，时空凌乱而斑驳。没有一份苦心孤诣，确实很难厘清其人生轨迹，把握其灵魂脉动。所以，那天中午，老边把《戴思恭传》发到我微信上，嘱我写序时，确实重重震了我一下——如此严谨、繁复的考证与推论，出自脱手弹丸的老边之手，反差巨大。

《戴思恭传》深度呈现了一位历史深处的国医的传奇。这种深度体现在三个维度中：一是幽微的时间，生于1324年，死于1405年，戴思恭在世这短短八十余年，被定格于宏大的历史卷轴中，模糊的时间被打开、伸展、充满，我们看到了戴思恭家族漫长的流变，戴思恭在江湖与庙堂间穿梭的时序，戴思恭的亲人朋友们飘忽的身影……二是幽微的地域，从马剑这样一个区划不断变化的偏远乡村出发，戴思恭的一生钟摆一样飘荡在故乡与他乡之间，这些他乡包括朱丹溪乌伤的诊室、王宾吴中的街坊、朱元璋应天府的宫廷等。三是浩瀚的医学，戴思恭的医学可谓博采众长，既有父亲戴士垚的家传，又有师父朱丹溪的教学，更有戴思恭自己从早年对《步天》《风鉴》到后来对《素问》《难经》的研习，戴思恭对医学的探索既有理论体系上的逐步构建，也有实践经验上的不断累积，并最终融会贯通，自成一家。虽然对戴思恭最后叶落归根、形迹湮没于故乡的荒草间有所喟叹，但《戴思恭传》"医者，意也！"的复述仍绽放出一缕生趣。穿越尘世幽微，洞见人生诗意，这时间与山河中的栖居，才是人类终极的意义。

与老边相识多年。早年他是一位诗人，有点像海子，是大学诗社里的活跃分子，酒量一般，酒风彪悍，出过几本诗集；后来，老边突然成了著名的中学语文老师，尤其是作文教育自成一家，他的许多学生频获各类作文大奖，他的教育论文更是屡见于各类报刊，我们报社曾连续几年邀请他解读高考作文；再后来，他四处骑行，不断给我发来各种图文并茂的骑行见闻，如是数年，他的《海子传》《戴良传》两本传记先后面世。

我以为，这些年，诗人边建松也像戴思恭那样纵横天下，上下求索，在尘世的幽微处找寻他的人生诗意。村上春树说："人生的路，有时候走着走着就开阔起来了。"期待建松兄走出一条独特的人生之路。也许，我们已经看到路远处隐约的风景。

宣浩军

2019 年 10 月于诸暨日报大楼

目 录

1　马剑戴家

无论是六百多年前的明代，还是六百多年后的今天，御医戴思恭从来都不是一个传说，而是一个真实的存在。

戴思恭从诸暨市马剑这个小山村走出去。随着年龄的增长，他活动的范围渐渐扩大，交游的档次逐渐提升。从马剑辐射开去，到金华，到苏州，到南京，到北京……从平头百姓开始，到文化人士，到豪富官宦，再到帝王人家……戴思恭就这么一步一步走去，一直走进历史深处，留给我们渐行渐远的背影。

尘埃披覆，芳香犹存。

现在，我们追踪着他的背影，想把他从历史深处呼唤回来。

一切都要从《明史》里记载的片言只语说起。《明史·列传第一百八十七·方伎》里关于戴思恭的第一句话是这样写的："戴思恭，字原礼，浦江人，以字行。"

这句话有三层意思。一是说明戴思恭的名和字，戴思恭就是戴原礼。二是大家一般都尊称他为"戴原礼"。这两点我们都可以理解。三是说到他的籍贯，居然是"浦江"，而不是"诸暨"。这是为什么呢？所以，我们就先来说说戴思恭的籍贯吧。

其实说戴思恭是浦江人的，不只是《明史》，其他很多古代书籍都这样写的，就连戴思恭提到籍贯时还说自己老家是"金华"或"浦江"或"婺之浦江"。不仅如此，连中华民国之前的版本《浦阳建溪戴氏宗谱》里都还如此记载："戴氏世居浦江马剑九灵山下。”

现在的马剑位于诸暨西部，距诸暨市区约二十四千米，有双金线公路直达，半小时的车程而已。马剑镇政府所在地就设在马剑村里。马剑镇南接浦江，西临桐庐，北毗富阳，为婺、杭、越三郡之交。1990年版的《浦江县志》记载，出于种种原因，浦江有时被取消县名，其属地被纳入其他地方。马剑也受此影响，时而属诸暨，时而属浦江，时而属义乌，而从属浦江的时间最长。浦江之名的来由，元时浦江大文豪柳贯①在《浦江县官题名序》一文里是如此解释的："浦阳自唐天宝始县，而县在浦阳江源之溪上，故因以名焉。"浦江之地范围，《元史·地理志》里是如此说的："至元十三年，改保宁军为婺州路。领县六：金华、东阳、义乌、永康、武义、浦江。州一：兰溪。"《明史·地理志》则是："国朝定为金华府，属浙江布政使司，领县八。金华、兰溪、东阳、义乌、永康、武义、浦江、汤溪。浦江县编户一百三里。"都与当今类似。戴思恭生活的元明时期，马剑属于浦江县，所以，戴思恭一直称自己为"浦江戴原礼""金华戴原礼"，从来不称自己为"诸暨戴原礼""越州戴原礼"，便是有这个历史原因的。

至1967年1月，国务院批准恢复浦江县建制，将原并入义乌县行政区域的部分地区分设浦江县，又将其中马剑、青山两个公社划隶诸暨县，至今未变；因为诸暨旧有青山乡，遂将浦江的青山公社改名为平阳公社，所以，1967年，实际上是将马剑和平阳划入诸暨。按照当今的行政区划，戴思恭就是诸暨人了。1993年版《诸暨县志》早已将戴思恭这位"新诸暨人"列为入传人物。

马剑风光秀美，景色宜人，是当今诸暨的一个生态型山乡。山系属于龙门山脉，南北东西纵横交错；水系属于富春江流域，一路往西奔流倾泻——这是最直观的"万水西流"的场景。其实，早在清嘉庆元年（1796年），考中进士的戴家后辈子孙戴殿泗在文章里将马剑风景归纳为"十胜"，分别曰：灵山矗云、建溪澄碧、凤山修竹、云门古松、西潭观鱼、东桥踏月、后溪樵唱、野碓春声、笔架霏烟、金沙练影。一个小小山区，便可以撷取十个地方，形成可观、可赏、可吟、可咏的

---

① 柳贯（1270—1342年），字道传，浦江人，元代著名文学家，官至翰林待制，兼国史院编修，与元代散文家虞集、揭傒斯、黄溍并称"儒林四杰"。

十种景致，其雅美可见一斑。戴殿泗还写了《山堂十胜十首（并序）》，仔细将马剑村周遭的地名、风物交代清楚。戴殿泗在序言里说：

> 吾戴氏宅马剑，唐以来九百余载，山川环绕，林麓幽邃。宅之北挺而峙者曰九灵山，由九灵山而东曰凤冈，轩翥缥缈，西曰云门，古松错落，有参天势。由凤冈东南望，高峰隐隐，曰笔架峰。水自东来，萦绕于前者曰建溪，溪岸舂声轧轧，彻晓夜为野碓。碓之西数百步，有波光澄映曰西潭。出九灵山西麓者为后溪，其桥曰东桥，积素空明，清光远澈。建溪、后溪合而西流八里许为金沙。或远或近，即即离离，皆山堂之胜也。

山堂，即隐士的山间居所，说明马剑适宜文人雅士隐居。戴殿泗将故乡可以作为隐居之地的这些景物围绕九灵山，依次罗列，如数家珍。家宅北面是九灵山，“灵山矗云”，九灵山东有“凤山修竹”，西面是“云门古松”，东南方向则是“笔架霏烟”，这是山。还有水，宅前有“建溪澄碧”，有彻夜响着的“野碓舂声”，往西而去，可以“西潭观鱼”；在宅和九灵山之间，还有一条小溪，叫后溪，便可以听到“后溪樵唱”，上面有一座小桥，可以“东桥踏月”，建溪和后溪出西合流，白练一般地流泻到了金沙村，那便是“金沙练影”。马剑一带，远远近近，都是风景，其实都是戴氏后人的多情。戴家人对故乡之情单纯炽烈如斯，戴思恭晚年致仕①必回老家，恐怕也是出于此心。

而戴殿泗说“吾戴氏宅马剑，唐以来九百余载”，也是有出处的。据考证，马剑有戴氏始于唐懿宗时，马剑原名建溪。据1760年修订的《庚辰重修宗谱序》云：“吾族三世祖（后定为始祖）讳昭者，以唐懿宗咸通间，授浙江东道五部兵马大元帅、平南节度使来镇越，始自陕西杜陵，来居诸暨陶朱乡。仲子讳堂，居焉。马剑之有戴氏，自四世（后定为二世祖）堂公始也。”马剑戴氏尊戴昭为第一世。戴昭（825—882年），字德辉，唐懿宗咸通间，授浙江东道五部兵马大元帅、平南节度使、银青光禄大夫检校、太子尚书令来镇越，始居诸暨陶朱乡，实为始迁东

---

① 致仕，指交还官职，即退休。

南之祖。唐中和元年(公元881年),戴昭的二儿子戴堂率众出征越州之鉴湖,得胜后便迁居浦阳建溪,其时那个地方还很荒蛮,尚未开化。因为戴堂好骑马舞剑,乡人受他影响,故易建溪之名为马剑。传至戴思恭时,已经是十八世了。

戴姓的祖先出自商朝末代的皇室,商亡以后被西周封于微山湖一带为官。其第八代传人为百姓做了不少好事,死后被西周朝廷谥为戴公,戴公后代就开始以戴为姓。戴姓自西周始以国为姓,至今已有三千多年的历史,历经沧桑巨变,世代繁衍发展、兴旺昌盛,形成诸多望族。

马剑戴氏也是望族,出过很多大人物。《浦江县志》收录的马剑村人就有戴良、戴思恭、戴殿泗,新编《诸暨县志》选择了明代的戴良和戴思恭。而我们知道,戴良是元末明初的大文豪,与明初第一文人宋濂是同窗,不过和宋濂所走的道路不一样,戴良自愿做了元末遗民,戴良和戴思恭是亲叔侄。同一山村,同一家族,名人辈出,群星闪耀,却一直因为地域关系而很多年不被诸暨文化界重视。所以浦江文化人恨恨言道:失去马剑,就是失去了浦江文化的灿烂一角。而马剑戴氏对此也颇有微词,因为新近加入诸暨,诸暨县志、绍兴市志就几乎没留下马剑戴氏的一笔。马剑戴氏乃至诸暨文化界很多人认为,现在广为宣传的“诸暨三贤”,其实应该是“诸暨五贤”,按照顺序依次为:王冕、杨维桢、戴良、戴思恭、陈洪绶。

戴思恭所在的戴家为浦江望族,历来注重文化教育,结交多为士林官家。宋濂《送戴原礼还浦阳序》一文提到:“原礼生儒家,习闻诗礼之训。倦倦有志于泽物……”而在戴家后辈子孙戴殿庆《浦阳建溪戴氏宗谱》卷十六收录戴思恭曾祖父戴涛的《元戴正一府君圹记①》一文,内有:

> 先妣安人②五都③陈氏,翰林检阅公实涛外祖也。安人出由宦族,早娴姆训,淑德懿行,为闺门楷范。

---

① 圹记,就是墓志。明代制度规定:五品以上许用碑,六品以下许用圹记。

② 安人,明清时,六品官之妻封安人。

③ 浦江五都,大致为现在浦江城北,包括张店、堂头、下店、坦塘、傅店、李宅、后郎、灵岩朱、仙里、山弯来等地。

这位陈氏，便是马剑戴氏十五世、戴思恭的太祖母。元代翰林国史院设承旨、学士、侍读学士、侍讲学士、直学士等高级官员，还设待制、修撰、应奉、翰林文字、编修、检阅、典籍、经历、都事等中级官员，设椽史、译史、通事、知印、蒙古书写、书写、接手书写、典吏、典书等办事员。太祖母居然来自作为国家文化单位的中级领导家庭。那时的陈小姐必定知书达理，相夫教子，注重文化传导。这种精神传导对戴氏家族的影响是无形的，久远的，一直可延续到戴良所在的戴氏十七世、戴思恭所在的戴氏十八世，并犹为盛。

民国三十六年(1947 年)重修的《浦阳建溪戴氏宗谱》记载，戴氏家族行医者始于十四世，至二十九世共有 11 人。这 11 人分别为：十四世戴锐，任浦江县医学提领。十五世戴清，字希夷，为元代庆元路昌国州医学学录；戴泳，字仲游，任浦江县医学学录。十七世，戴士垚，字仲积，因母疾误治而立志学医；戴士彦，又名良，字叔能，号九灵山人，曾向朱丹溪学医。十八世，戴思恭(戴士垚大儿子)，字原礼，号肃斋，任太医院使；戴思温(戴士垚二儿子)，字原直；戴思乐(戴良二儿子)，字和之，明洪武间任浦江县医学训科。二十二世戴均，号卓亭。二十八世，戴世荣，字允锡。二十九世，戴凤仙。戴氏医学世系以第十七世、十八世即戴士垚、戴思恭父子辈时期最盛。

戴氏一脉，鼎盛如斯。

与马剑和平阳相隔一座山一条岭，诸暨境内有一个地方叫青山乡，马剑和青山属于同一龙门山区域。元明时期，诸暨青山乡有一个小村叫义山①，而马剑村则隶属浦江县兴贤乡。有一个很有趣的现象是，马剑戴家的媳妇大多来自诸暨青山。戴思恭的奶奶刘锦(也就是戴暄的夫人)，就来自青山脚下的清潭村；戴思恭和他弟弟戴思温娶媳妇，也都娶自义山，而且是杨姓堂姐妹——两亲兄弟娶两堂姐妹，可谓是亲上加亲。

---

① 《暨阳蕾山(敦伦堂)杨氏宗谱》载："我始祖泰十九天民公，由义乌赤岸徙居诸暨义山之坎头……"《暨阳义山江氏宗谱源流序》："其子思茂、思辰复迁十九都坎头之相对……"说明义山即现在草塔镇青山片(原青山乡)。

《柳贯诗文集》有一首诗，题目很长，叫《暨西清潭金氏翁，登年九十，身犹乐康。因其外孙戴叔能从予游学，数命来求诗。本岁暮告归，乃为作此，使具清酒一壶，即是初正，歌以上寿。翁生开庆（1259 年）间，越尝有特恩赐高年爵帛》。说的是戴良的外公（也就是戴思恭的外太公）90 岁了，想要戴良的老师柳贯写一首诗祝贺一下，光大门面，于是柳贯写了这首诗歌。题目里明确写着"暨西清潭金氏"，就是当今青山水库脚下的清潭自然村，现在隶属诸暨市草塔镇。

还有令人非常奇怪的一点是，戴思恭的奶奶姓刘，怎么又姓金了呢？柳贯在《元故戴孺人[1]刘氏墓铭并序》里写道：

> 里中戴暄景和之内子刘氏，越诸暨人。生二十一年归暄，归三十八年，相暄治生理家，事舅姑，字儿稚，和宗党，甚得妇道。以至元四年，其岁戊寅秋七月三日卒家，年五十九。卒后三月，卜葬金竹坞……刘氏讳锦，父曰天麒，母曰王。子男三：垚、良、元；女一，适赵仁本。孙男三：恭、温、安；女一，俱幼。

这里提到的"安"，可能是戴思恭的幼弟，但早夭了。柳贯此处有笔误，将"赵良本"写成为"赵仁本"。单根据这段话，戴思恭的外太公便姓刘了。那么，戴思恭的外太公到底叫刘天麒，还是金天麒？或者说，刘锦到底是金天麒生养的还是刘天麒生养的？

其实，这和"活金死刘"的传说有关。远古时，刘氏一族人为避战乱，将自己的姓氏改为金，死后重新改回刘，形成风俗，延续至今。生前姓金，死后家谱或墓碑上则显示为姓刘。"刘"的繁体字是"劉"，由"卯""刀""金"三部分组成，去掉"卯"和"刀"，就是"金"，即有了"活金死刘"的说法。

宋濂给戴思恭父亲戴士垚写的《戴仲积墓志铭》里，提到"其（指戴士垚）配曰刘，越诸暨人。君在不亏妇德，君殁诲子女有妇道"。虽然没有其他资料做证，但我还是大胆猜测，戴士垚的母亲和戴思恭的母亲都姓刘，很可能是姑妈侄女关系，是亲上加亲的联姻。

---

① 孺人，古时称大夫的妻子，明清时为七品官的母亲或妻子的封号。

今人戴关土主编的《戴氏宗谱》记载戴思恭和他弟弟戴思温的媳妇，都来自义山。在《妇道》卷的“十八世”里，开首赫然是戴家两兄弟的夫人。戴思恭夫人杨氏“淑贤懿行，见之诸名公文者皆可考”，而戴思温夫人“实戴思恭宜人[①]之从妹也。贤与姊等，称其德者，无异辞”。句中的“从”，指宗族中次于至亲的亲属。戴思温夫人叫杨妙珍(1337—1386 年)。而戴思恭夫人则不知名字，连出生年月都不知，只知道于 1395 年去世，比戴思恭早逝十年。

接下来说说另外一个问题，就是传主“戴思恭”的名、字、号。在《中国医籍考》《中国历代科技人物录》《中医名词术语精华辞典》等辞书里，都把“戴原礼”写作“戴元礼”；其源头可能在朱国祯[②]《涌幢小品》里：“戴元礼，国朝之圣医也，太祖称为仁义人。太孙即位，拜院使云云。元礼即原礼，盖国祯得诸传闻，故音同字异耳。”(见江苏巡抚采进本《金匮钩玄》)而《古今图书集成医部全录综录·医术名流列传》里的“蒋用文[③]”条目居然把戴思恭写作“戴塬礼”。那么，到底是戴原礼，还是戴元礼，还是戴塬礼呢？或者三者皆可？其实只有“戴原礼”是正确的，其他两者都是错误的。理由一是戴思恭的弟弟戴思温的字是“原直”，两兄弟字第应该一样的。二是有关明代的官修史书如《四库全书》《明史》等，都写作“戴原礼”。三是当戴思恭年老致仕回家时，朝廷名家赠送他诗词时都写作“戴原礼”。

而我看到一则资料，“原礼”之字居然是元末明初诸暨儒者杨本初所起！1400 年，时任都察院都御史的天台人卢原质为 77 岁的戴思恭所写的《韩王书“肃斋”二大字铭并序》里说：

> 自早岁乡之硕儒杨先生本初，字之曰原礼，匾其藏修之斋曰肃，交友文士，多为之述文赋诗。

---

① 宜人，明清为五品官之妻封号。明清封赠五品官之母或祖母为太宜人。

② 朱国祯(1558—1632 年)，南浔人，字文宇，号平涵，累官国子监祭酒、右春坊等职后，改文渊阁大学士，累加少保兼太子太保，总裁《国史实录》，后任内阁首辅。

③ 蒋用文(1351—1424 年)，行医至南京，以戴原礼荐入太医院为御医。永乐八年升院判，专侍文华殿。

这个杨本初，就是宋濂的同学、戴良的好友、号“白鹿子”的杨恒先生！杨恒在《明史》里有传，1993年版的《诸暨县志》也入传，主要内容是杨恒在浦江郑义门教授过十多年书，诸暨最高长官栾凤亲自到杨恒家咨询管理诸暨之事，而杨恒坚持隐居于清潭村，宋濂还为杨恒的母亲方迎写过碑铭，等等，此处不再赘述。特别要提一句的是，杨本初和戴思恭的外公金天麒是同一个村子的——暨西清潭村人！

戴思恭有一个号，叫“肃斋”，这是确实无疑的。这一早年用过的斋号在戴思恭晚年尊荣至极，各位皇子纷纷为他题辞作赋，这是后话，暂且不提。但有些书说戴思恭另外有一号叫“复庵”，如出现在《中华人物史鉴（第四卷）》《中国医学百科全书中医学史》等权威辞书里。有些医书转述戴思恭观点时，常常出现如“戴复庵云：目赤无非血瘫肝经所致”“戴复庵云：泻水腹不痛者，湿也”等话。其实这是谬误，因为此处应该是戴思恭而根本不是戴复庵。

这谬误的源头，可能来自《中国医籍考》“卷五四”里的那段话：“钱曾曰：戴元礼《证治要诀》十二卷，复庵受文皇宠顾，供奉之余，著为此书。正统八年春，朝鲜人入海捕鱼，风飘至浙江，官军以为倭寇，擒获解京收候，饥寒困苦。复庵悉衣粮供赡之，卒使宁归。其存心济物如此。”这里提到的“《证治要诀》十二卷”，旧题确实是戴原礼著。而文中提到的“正统八年”是1443年，而戴思恭早在1405年就去世，所以这个戴复庵绝对不是戴思恭。有网络资料说戴思恭卒于1443年，或说《推求师意》等书撰于1443年，这些都是无稽之谈。另外，在正统八年印行的另外一本书《秘传证治要诀及类方》里，有胡濙[①]的序言，里面提到：“今年春朝鲜国渔人数辈。泛海捕鱼。被风飘至浙江。官军以为倭寇。擒获解京。送院收候。饥寒困苦。君独念之。”这里的“君”，其实是胡濙在此文中提到的“监察御史陈君嶷”，陈嶷[②]当时任浙江巡按。看来《中国医籍考》根本弄错了。

---

① 胡濙（1375—1463年），字源洁，号洁庵，江苏武进人，明代重臣、文学家、医学家。

② 陈嶷，蒙城人，荐贤良方正，考选试《豆芽菜赋》，嶷第一，拜浙江道御史，终按察副使。

那么戴复庵究竟是谁呢？据史常永①先生考证，这个戴复庵很可能是戴焆，宋代人。《温州府志》云："戴焆，号复庵，永嘉人，文端公之后，为临安府知录。咸淳间(1265—1274 年)，谢后得疾，舌出不能收，焆应召，傅以消风散立愈，后大喜，询知文端公孙，妻以侄女，后元兵至，弃官学道……"据此，戴焆也是一位名医，其所用的"消风散"，《证治要诀》中尚有其方。《证治要诀》的撰者，应该直接或间接听到过戴焆讲述他的临床经验，因而钱曾文中才出现"戴复庵云""戴复庵谓"等字样。这是错讹衍文而造成的现象。

至此，今天若要重写《戴思恭传》，第一句应该是：

> 戴思恭，字原礼(有书误写为元礼或塬礼)，号肃斋(有书误传为复庵)，诸暨市马剑镇马剑村人。明代时以字行，唤作"戴原礼"。

就是这样一个人——戴思恭，他的面目渐渐在我们面前清晰起来了。

① 史常永，1931 年生于河北大名。我国著名中医学家、中医文献学家，辽宁省中医研究院教授，享受国务院特殊津贴的专家，全国继承老中医专家学术经验指导教师。

2　幼承庭训

就像一颗星无法选择它在天空中的位置，无法选择它出现的时辰，一个人也一样，既无法选择他的家庭出身，也无法选择他所处的大时代。

所幸的是，戴思恭遇到了有良好家风的家族，遇到了适合自己生长的大时代。他在这个时代中别无选择地走上了学医的道路，这对其他文人来说，也许是悲摧的事情，但对戴思恭来说，则是“刚刚好”。

在戴思恭的成长过程中，他有过欢乐、自在、多彩的童年生活，但也见到过太多的疾病，太多的无助，太多的死亡。祖母生病，祖母去世，父亲生病，父亲去世，母亲生病，母亲去世……人哪，你怎么离不开生老病死呢？

像一朵鲜花一样生下来活着，像一粒尘埃一样病着死去。所以“医者，意也”，人的头顶，有最高真理悬挂着；人，只有“顺生”而已。

法国汉学家汪德迈在描述中国儒家文化的特征时，用了简单的三个词“家庭、礼仪、文官制”，并指出中国传统社会是“以家族关系为纽带的古老社会模式”，“社会的一切行为规范都从家族关系规范中演绎改造而来”。中国古代长期的小农社会和儒家思想对于家族的作用和意义的强化，使得家族在中国传统社会中起着十分特殊的作用。宋濂《送戴原礼还浦阳序》一文中提到：“原礼生儒家，习闻诗礼之训，惓惓有志于泽物……”戴氏家族是十分重视文化教育的家族。王冕[①]《重过戴氏居》其一里写道："重过戴氏宅，交游情味长。乃翁敦德义，诸子好文章。"其三又写道："琴书满屋壁，不下晋家声。湖海怀高义，交游阅古情。"这里的"乃翁"，从王冕生卒年推断，指的应是戴暄。这里的"诸子"，可能指戴士垚、戴良诸子，还可能包括戴思恭、戴思温、戴思礼等诸孙。学者史硕政在《戴良年谱》里编写过戴家族谱，我从戴思恭的曾祖戴涛开始，将戴家家庭关系图展示如下。

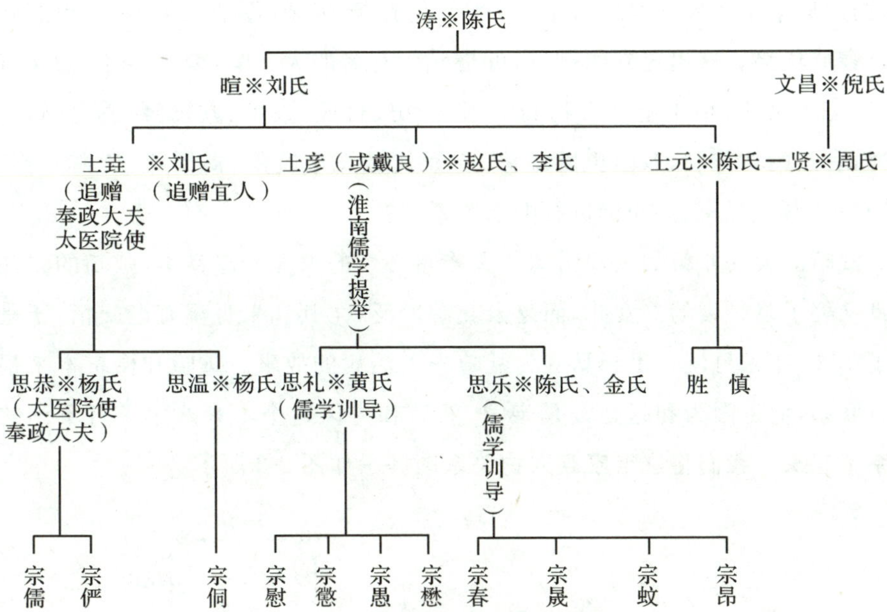

图 2-1　戴家家庭关系图

我在本书第一章里就提过，戴思恭的太祖母（戴涛的母亲）陈氏来自书香官宦家庭。这种旧家庭对新家庭的子孙影响是深远的，不仅是给家风增添了文化之风，更重要的是留给子孙一条通向文化的捷径。李濂[②]《医史》卷七《戴思恭

---

① 王冕（1287—1359 年），字元章，诸暨枫桥人，元代著名画家、诗人、篆刻家。有《竹斋集》3 卷，续集 2 卷。存世画作有《南枝春早图》《墨梅图》《三君子图》等。创用花乳石刻印章，篆法绝妙。《明史》有传。

② 李濂（1488—1566 年），明代官员、学者。字川父，祥符（今河南开封）人，著有《医史》10 卷。

传》说戴家："家世儒业，究心医术，而志在泽物。"①（见焦竑《国朝献征录》）明代永乐朝宿儒王汝玉②撰写的《太医院院使浦江戴公思恭墓志铭》（本书以下简称《戴思恭墓志铭》）里提到："素以诗书相承，称浦江望族。"毕竟前辈中出现过任职元代翰林国史院的高官，这对家风的形成起到十分重要的定型作用。

陈氏的孙子就是戴暄，他在《祭柳待制文》里还说到这一点："况某等近连姻娅，蒙振拔……"说因为和柳贯有姻亲关系，从而自己得到柳贯的照顾。由于婚姻，两户原本不搭界的家庭有了关系，亲连亲，亲带亲，逐渐聚集抱团，更有效地发挥家族优势。这里提到的柳贯，可是元代有名的大文豪，博学多才，为文沉郁春容，工于书法，精于鉴赏古物和书画，经史、百氏、数术、方技、释道之书，无不贯通，官至翰林待制，兼国史院编修，与元代散文家虞集、揭傒斯、黄溍并称"儒林四杰"。戴暄怎么会和柳贯有姻亲关系呢？

戴暄的大女儿戴如玉嫁给浦江大族赵必俊的大儿子赵良本，戴暄的二儿子戴良又娶了赵必俊的二女儿，而赵家交游广泛，尤其和朱丹溪有老交情，于是就有了1338年朱丹溪百里到马剑为戴暄夫人治病的故事。戴暄和柳贯本来根本没有联系，但是因为和赵必俊是亲家，然后和方凤这个本来八竿子打不到的人联系了起来。我们将这组家族人物关系图展示如图2-2所示：

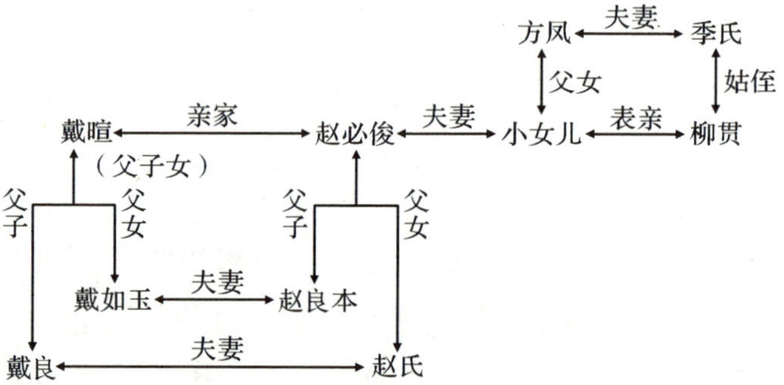

图2-2　戴家家族人物关系图

其实，缔结家族之间的姻亲和师友关系，是农耕社会的一个特征。戴良的

① 究心，指专心研究。泽物，指施惠于人，做善事。

② 王汝玉，名璲，以字行，长洲人（今苏州市），翰林学士。

老师柳贯在《方先生墓志铭》提到浦江当时的文化大腕方凤和一些人的关系："先生讳凤，字韶卿，年八十又二。夫人季氏先卒，于贯为从表姑。""子男二人：樗、梓，克以儒承家。女三人，适张佐、黄旒、赵必俊。""贯少亲事先主，比长，走外归，辄哀甚通路所得，求先生而纠正焉。""去年（指 1320 年）冬，先生尝手写诗一章，介其孙婿吴莱来试春官……"从柳贯的叙述中我们可以梳理出：方凤是柳贯的表姑父，是戴良岳父赵必俊的岳父，其外甥女婿是戴良的另外一位老师吴莱；而柳贯本人则受经于兰溪金履祥，学文于方凤、吴思齐、谢翱，也就是说，方凤不仅是柳贯的长辈，也是柳贯的老师，这样滚雪球一般文化资源得到最大化的控制和利用。以柳贯为例，我们就更容易看到"姻亲＋师友"的模式在家族文化中发挥了巨大的作用。在戴思恭的人生发展中，这种姻亲和师友的带、帮、助起到了人生润滑剂的作用，让戴思恭走得更顺利，更轻松。比如戴思恭从师朱丹溪，即是如此。朱丹溪和宋濂是忘年交，宋濂的妻舅贾思诚是朱丹溪的弟子，宋濂与戴良交好，戴良也向朱丹溪问过学，这是朱丹溪和戴家的一层关系。同时，朱丹溪与戴暄亲家赵必俊有交好关系，这是朱丹溪与戴家的第二层关系。于是，戴思恭师从朱丹溪，就顺理成章了。

公元 1324 年八月廿九日（阳历 9 月 17 日），马剑村戴氏桥上的那一支生了一个大胖小子。长孙戴思恭的出生，给戴家带来了欢乐和希望。我们且先不说戴思恭自身资质如何，先来看看在戴思恭成长的历程中，他遇到过什么。

戴逢锦《浦阳建溪戴氏宗谱》卷六是如此说到戴暄："巨源府君（指戴涛）长子暄，字景和，号春谷，行义一。始营上宅居第，生元前至元二十一年甲申，卒至正十年庚寅九月，寿六十七。娶刘氏讳锦，生元至元十七年庚辰，卒元至元四年戊寅七月初三日①。合葬嘉树坞口。子三：士垚、士彦、士元。女一适赵良仁（误，应是赵良本）。"也就是说，戴暄之前并不是居住在桥上这个地方，戴暄将自己的小家搬到桥上时，需要挑战陌生人际关系的勇气和圆通八达的胆气，自然这一节故事戴思恭不一定很清楚，但家族传承下来的"潜流"一定会在某个时期迸发。祖母刘锦在至元四年（1338 年）去世的时候，戴思恭才 15 岁，而祖父戴暄

① 至元年号在文章中出现两次，一次是 1264—1294，一次是 1335—1340。

在至正十年(1350年)去世的时候,戴思恭已经27岁了。

戴思恭的叔叔戴良在《先府君[①]坟记》里,主要回忆了父亲戴暄的人格魅力:“先君(指死去的父亲)器度凝悫,恂恂寡言,遇物恒多恩,有宽厚长者行。尤竭心孝友,处天伦中事有极难,而先君卒能全其和,君子称之,谓不让古人。”这种宽厚多恩的人格,肯定对整个家族有健康的心理影响,潜移默化中给后辈交友待人方面的优质教诲。

其实早在祖父去世一年前,戴思恭的父亲戴士垚就出现了病症,戴士垚无助无望地给老师朱丹溪写了一封信,朱丹溪除了和他谈谈理学上的大道理,也妙手无力回春。至正己丑(1349年)十一月十三日,已经是冬天,天气一点点冷下来,戴思恭的内心更加寒冷。这一天,他43岁的父亲,永远闭上了眼睛。和父亲、兄弟一起步行去百里外的义乌赤岸村拜师的场景,一次次在脑海回放,一次次让他泪眼模糊。他又一次感到身上的担子。

戴士垚,又叫戴尧,字仲积。宋濂在《戴仲积墓志铭》一文提到戴士垚是这样一个人:

> 君分卑,年少,一旦学识出诸父右,而能敬让自持,不矜不扬,商事榷理,一族为之从听。其待乡党,接宾客,不翕翕以附,亦不鄙啬以自足。每有过从,辄列肴酾酒乐之,虽庖传屡空弗顾也。然性高气褊,不肯脂韦屈人下。彼或有挟之陵之,则必剖条辩要,求直于有司。人皆始而忌,终而敬且慕,不复吐一词以犯。

戴士垚作为桥上戴氏一脉的长子,按照农耕社会的特点,一般会受到本地其他家族的排斥,显得地位卑微,但戴士垚凭借自己的见识,获得大家的认可,让大家“敬且慕”。这对成长中的戴思恭来说,提供了极好的榜样示范作用。宋濂和戴士垚弟弟戴良关系十分密切,所以他笔下的戴士垚形象不仅生动,更重要的是具有真实性。

戴暄有三个儿子,其中两个儿子赫赫有名,小儿子的名声稍逊,而孙辈里也

---

① 先府君,对已故父亲的尊称。

人才辈出。长子戴士垚和小儿子戴士元，一直居住在马剑老宅；只有二儿子戴良常年不居住在马剑，因为母亲生病，戴良一直受大他10余岁的大姐戴如玉照顾，从8岁起就随着大姐"嫁"给浦江城里的赵必俊家的大儿子赵良本，戴良长大后也在浦江城西买了一块地，娶了赵良本的妹妹①。1349年、1350年连续两年，戴家失去了两个顶梁柱，27岁的长孙戴思恭必须负担起家族责任了。

有关戴思恭的童年，我们手头的资料都比较少，只有一些他去世以后人们的回忆性文章，如明永乐四年丙戌（1406年）礼部尚书郑沂所撰《明奉政大夫太医院使显一府君行状》（以下简称《戴思恭行状》）里，说戴思恭"读书明大义，颖悟绝人。作为诗文，一本经训，于《步天》《风鉴》之学，无不究心"。《步天》《风鉴》是两本书，即王希明的《丹元子步天歌》、陈抟的《人伦风鉴》，《丹元子步天歌》是一部用诗歌形式介绍全天星官的天文学著作，《人伦风鉴》是一部内容驳杂的相书，说明戴思恭读书之杂。而所谓"行状"，是叙述死者世系、生平、生卒年月、籍贯、事迹的文章，常由死者门生故吏或亲友撰述，留作撰写墓志或史官提供立传的依据，一般比较可信。王汝玉的《戴思恭墓志铭》一文里也提到："公资笃敏，读书必求圣贤微言奥义，为文若诗，不尚浮藻，务底有用于时。暇日于星象堪舆风鉴之术，靡不傍推曲究，尤精心轩岐之书。"（见焦竑《国朝献征录》）这里的"轩岐"，是指黄帝轩辕氏与其臣岐伯的并称，他们被视作中国医药的始祖。

这些资料简要勾勒出戴思恭早年的聪明，当然几乎没有具体事例。但还有值得注意的一点是，戴思恭开始阅读风水和相术的书，甚至由此而推衍到阅读医术方面的书，他还对这些方面的书做过深入研究。也许这些后代撰稿人的话里有阿谀的成分，夸大了戴思恭这些方面的成就，也或许戴思恭确实研究过这些方术书，但撰稿者将时间从成年提前到了早年。

1336年，13岁的戴思恭有了一个弟弟，就是戴思温。戴关土主编的《戴氏宗谱》里如此记载："戴思温，字原直，号益斋。笃孝友，嗜读书，犹精于医术。"戴思温唯一的儿子戴宗倜在给母亲的《圹志》里描写父亲："眉宇爽朗，性颖悟而嗜

① 此处史实见边建松《戴良传》，光明日报出版社，2014年。

读书。”当时的诸暨名人倪公寿给戴思温的《行状》里，是这样写的：“资性清敏纯笃。”从两个儿子都喜欢读书、都聪明上进这一点来看，戴士垚自己也喜欢读书，受父亲影响，儿子才喜欢读书。父亲对子女的成长影响极大。尤其是戴士垚母亲病逝以后，38 岁的他带着 20 岁的戴思恭和 8 岁的戴思温，义无反顾投奔到江南名医朱丹溪门下。可以说，父亲的坚执成就了两个儿子。

戴士垚十分孝顺母亲（穿插一句，戴家有孝顺长辈的家风）。宋濂《戴仲积墓志铭》一文写到母亲刘锦犯病对戴士垚的影响：“母夫人病久不瘳，医之知名者，君悉迎致，其药饵之品多附子、灵砂之属，钱动数万计。君营治勤悴，而病益以增。后遇乌伤朱彦修，始知其药之非，方图改法，而母病已不可为。君痛迫于心，旦暮号泣，几不能终丧。”他原先也懂点医道，母亲犯病后不断寻找名医救治，可惜不得法，最后遇到朱丹溪，朱丹溪说原先的药用错了，现在再用新药为时已晚，戴士垚追悔不已，于是拜朱丹溪为师，但长期内心痛楚郁积，终致自身構病，犯“瘘痱”之症一年后就去世。这里提的附子，是中药中“回阳救逆第一品”，具有回阳救逆、补火助阳、散寒止痛的功能；灵砂，则以水银和硫黄为原料，具有祛痰降逆、安神定惊的功效。根据医生所开出的药方，我推测很可能戴母刘锦患的是心血管方面的毛病，而医生只死守一种心血管病症施药，没有考虑到其他病症，结果因拖延而失去最佳治疗时间。这可能对 15 岁的戴思恭学医有极大的激励作用。

那么戴士垚犯的“瘘痱”，现在的病症是什么呢？根据北京中医药大学李曌华和王育林的研究，“痱”，一指一种由风邪引起的病症，类似于中风、偏瘫之类的疾病；一指皮肤上生的细小疮疹，如《灵枢经·热病》中记载的“痱之为病也，身无痛者，四肢不收，智乱不甚，其言微知，可治；甚则不能言，不可治也”，即是一种由风邪引起的病，类似于中风、偏瘫之类的疾病。“瘘”指颈部肿大，是疮疡的一种，为疮疡长期不愈所致，有成脓破溃的表现，如《诸病源侯论·瘘病诸侯》有记载“瘘病之生……久则成脓而溃漏也”。综合起来判断，戴士垚不可能是患偏瘫之症，更可能患的是恶性淋巴癌去世的。

戴士垚去世前一年（1348 年）的冬天，他写信给老师朱丹溪求救。朱丹溪写了《复戴仲积书》：

详玩来书，此时无病可言矣。曰烦躁，曰喘急，曰气响，曰腹痛，曰咳嗽，曰大腑澹，曰小腑涩，皆吾兄之所自求者。平时为学，不肯先求己过而克治之，但欲妄得以遂其受用之私心。至于染病之后，又不能归罪于己，思所以安其亲之心，而尽其子职之当然者，方且操欲速之念，以极其怨尤之痴，所以怒火炽矣。而况禀受急躁，火中又火，加之口味不节，又起阴经之火。至于淹延岁月，阴且受火克，所存者鲜矣，惟有借谷气以扶持，所以未死。

这里提到戴士垚的病症表象，烦躁、喘急、气响、腹痛、咳嗽、大腑澹、小腑涩。按照现代医学，淋巴癌首先表现为颈部的淋巴结肿大，开始时只单一肿大，慢慢则数目增加，且越肿大。淋巴癌可发生于全身淋巴组织，如下颌、下颚、前颈部、锁骨上、腋下、鼠蹊部、纵膈腔或腹部动脉旁，有时则发生于脏器引起压迫症状；若发生于胃、小肠或大肠则可能有腹胀、便血、呕吐、腹痛等消化性溃疡或胃肠机能障碍之症状；若淋巴瘤侵犯骨髓，则可能产生脸色苍白、发烧、不正常出血等泛血球减少症，有时在周边血液里可见异常淋巴球出现，这和戴士垚的病症基本吻合。古语说："医者，意也。"面对这些癌症的病症表象，名医朱丹溪也只能从纯理性角度分析，而最终无能为力。这件事，可能加深戴思恭对医学的领悟。这封信，成年后的戴思恭或许多次展读，每读一次，就会想到老师和父亲的音容笑貌，感受他们在医道上孜孜以求的精神。

父亲戴士垚去世时，戴思恭 26 岁，戴思温才 14 岁，叔叔戴良 33 岁。很多笔记里说戴思恭从小受到叔父戴良的照顾和提携。这在我看来是不确切的误传。如赵友同①给戴良的《故九灵先生戴公墓志铭》里这样写："长侄恭早丧父，教之逾己子，早从乌伤朱震亨先生习医业，后以其术大显于时，官至太医院使，皆先生力也。"说戴良对戴思恭帮助很大，从拜师学医，到行医浙西，到进入太医院，都是戴良之力，这有点夸大。赵友同是戴良好友、戴思恭师兄赵良仁的儿

① 赵友同(1364 年—1418 年)，字彦如，少师从宋濂和戴良，为华亭训导，参与修《永乐大典》。赵友同《故九灵先生戴公墓志铭》写于 1410 年，距离戴良和戴思恭去世多年，可能记忆有误。

子，曾经师从戴良和宋濂，但和戴思恭很少有直接接触，他的资料可能有点道听途说，不足为证。

我们的看法是，从年龄推断，戴思恭很难得到戴良照顾。查找戴良诗文集，也没有出现戴思恭的名字，而只出现了戴思温的名字。这样也可以帮助我们理解另外一个问题，为什么戴思恭去苏州做医生时，戴良当时也在苏州做儒学提举之官，而戴良诗文却没有提及戴思恭。戴思温唯一的儿子戴宗侗给母亲的《圹志》里写自己父亲"早丧父，侍季父奉训九灵先生读书问学，叔侄自为师友"。这倒是事实，戴思温被戴良一直带在身边，一方面督促戴思温学习，一方面也便于照顾戴良生活。如 1366 年春天，戴良明知元代政府行将灭亡却依旧自定海泛海北上，在山东等地漂泊一年，这一年就携戴思温同行相伴。

总之，在戴思恭成长的过程中，家族姻亲、家风自然有一定程度的影响，而父亲的影响则更大。

出生在一个有如此深厚儒学背景的家庭里，戴思恭为什么不去求功名而去学医呢？这和当时的时代背景有极大关系。

元代统治者用人注重"根脚"，导致了科举制度文化的断裂，广大士子失去了传统的读书以求功名的上进之路。正如萧启庆在《蒙元史研究》[①]里所说："元代用人取才最重世家，即当时所谓'根脚'。此一'根脚'取才制，与唐宋以来中原取士以科举为主要管道可说是南辕北辙，大不相同，元代中期以前，一直未恢复科举制度，汉族士人遂丧失此一主要的入仕管道。"所谓根脚，指家世、出身、资历等。元代时人分四等，第一等是蒙古人，第二等是色目人，第三等是汉人，第四等是南人（南宋时期的汉人），汉人和南人的地位是很低的，科举选拔名额很少，这种竞争非常残酷，很多有名望的读书人无法进入统治阶层而流入民间。汉族儒生士子失去入仕与谋生之途，不得不另谋生计。

元代科举中的民族差异政策最为明显，已经表现出对汉民族的严重歧视，主要表现为南北分榜而试与左右两榜之分。在乡试和会试中，蒙古人和色目人只试两场，而汉人和南人则需试三场，倘若蒙古人和色目人愿试汉人和南人的

① 萧启庆：《蒙元史研究》，中华书局，2007 年。

科目，则中选者可加一等注授官职。在殿试中，蒙古人和色目人只需考试第一场即可。元代规定全国乡试合格者300人赴会试，其中蒙古人、色目人和汉人、南人各录取75人，虽然名额是在四类人之间平均分配，但是因为汉人和南人的人口数量是蒙古人和色目人的数倍不止，因此科第名额的分配实际上对于汉人和南人来说是非常不公平的。殿试的结果则分为左榜和右榜，因元代以右为尊，故蒙古人、色目人为右榜，汉人和南人为左榜。再加上元代统一全国之后，曾一度取消科举制度，却设立医学科举，使不少文人学士加入医学行业中。元代还曾设置过执业医师考试制度，并提出以考试来决定行医资格，史上罕见。也有一个说法是分为十等，一官二吏三僧四道五医六工七盗八娼九儒十丐，医生的地位高于读书人，读书人只比乞丐高一等。很多读书人为谋生而迫不得已从医。

这样的结果是，元代隐逸之士的数量超过以往历朝历代，其中有遗民为隐士者，有入仕无门而被迫退隐者，有无意于仕宦而隐者。有需要养家糊口的儒生，到民间义塾或富有之家教书为生，或自办私塾，隐居教授；有的人家赀尚且殷实，有条件优游于山水之间，赋诗言志，潜心学问；也有人亲自耕作，隐于田园；还有人遁迹寺观，出入释道，隐于释老之间以逃避世事；亦有隐于市井之间者，他们清洁孤高，淡泊名利，不乐仕进。同时，因为医学受到了统治者的重视，研习医学也蔚然成风，儒士文人多从医，元末明初涌现了王好古、朱震亨、罗天益、曾世荣、危亦林、倪维德、滑寿、葛孙乾、王履、戴思恭等一大批医学名家。

这些医学名家，由攻读研习儒学的儒生转而研究医学行医，所以称为儒医，这些儒医往往“援儒入医、以儒论医”，具有鲜明的时代特色，朱丹溪、戴思恭诸人概莫能外。明代著名医家徐春甫在《古今医统·儒医》中说：“儒识礼义，医知损益。礼义之不修，昧孔孟之教，损害不分，害生民之命。儒与医岂可轻哉，儒与医岂可分哉？”民谚也说：“儒学医，菜作齑。”齑是指切碎的腌菜或酱菜，比喻儒士当医生，就如把酱菜切碎那么容易，实质是强调为医者具备扎实文化基础知识的重要。因为像《黄帝内经》《伤寒论》等中医学基础理论著作大多文诘义奥，没有较高的古文素养，就很难读懂，并理解其旨义，更谈不上融会贯通地指导临床诊疗了。儒士的加入使医生队伍的文化素质和研究医学的水准大为提高，他们比较重视医疗经验的总结和医学理论的研究，推动了医药著作的编撰和刊行，促进了医药知识的保存、交流、传播和发展。儒医们扎实的文字功底和广博的哲学、文学、历史、天文、地理、博物、气象、历法、心理医学等学科知识，丰富完善了医学理论与实践，进一步促进了中医药的发展。纵观中国医学史，取得显著成就且对后世影响较大的医学家，没有一个不是具有较高文化素养、长于著述的儒士。

若不是处于这样一个诡异的大时代，戴思恭很可能走上另外一条仕途，当然，也就不会有“明代医学之冠”的尊誉加在他身上了。

3　从学丹溪

戴思恭在对的时间里，遇到了一个对的人，做了一件对的事，从而走出了对的一生，这是多么幸运！如果没有遇到这么一个对的人，戴思恭的一生很可能乏善可陈。

当然，我们这里说的对戴思恭一生影响最大的一个人，不是国家的最高领袖朱元璋，也不是父亲戴士垚，而是乌伤名医朱丹溪。

义乌古称乌伤。现在的义乌市有丹溪路、丹溪社区、丹溪陵园、丹溪纪念堂、丹溪纪念亭等，到处都有朱丹溪痕迹，为着纪念这位名医。

能够结缘朱丹溪，一生都笼罩在朱丹溪的光辉下，对戴思恭来说，此生已经足够！

而结识朱丹溪，与其说是一种机缘，不如说是上一辈的荫庇。是呀，有多少个上一辈能够荫庇下一辈？又有多少个下一辈能够传承上一辈的恩荫？

朱丹溪，名震亨，字彦修，因世居丹溪，所以又称他丹溪翁或朱丹溪。元至元十八年(1281 年)十一月二十八日生，卒于至正十八年(1358 年)六月二十日，卒后葬于东山墩头庵，享年 78 岁。现在的朱丹溪陵园，成为一个收费景区，门票居然要 50 元，朱丹溪地下有知，恐怕也会无奈一笑的。

朱丹溪出生的村子，可以说藏着一部传奇。这个村子原名蒲墟村。《义乌县志》卷十五《政事》篇载有一个故事："南齐(479—480 年)朱幼，字长明……祖朱泛，字孝祥，晋永兴(304 年)中，任临海太守，秩满致仕，徙义乌蒲墟村，浸成大族。后朱女适王，亲迎之日，两族车红辉映溪岸，因名蒲墟曰赤岸。后既又改为丹溪。"这是现今史料最早出现"丹溪"之记载。在晋代之后的南齐时，居蒲墟的名门望族、三郡太守朱幼，与王家联姻，盛况空前，仪仗队映红溪岸的景致，被皇亲贵族的宾客颂之曰"赤岸"，朱氏也以此为荣，遂改村名为"赤岸"，后又改为丹溪村，现在隶属东朱村。

和这个传奇一比，朱丹溪的故事就更富传奇色彩了！

首先，整个家族有传奇色彩。朱丹溪的祖父名环，父名元，母戚氏出身名门。祖父辈均以孝闻名乡里。朱丹溪的堂曾祖朱杓，精通医学，著有《卫生普济方》，重医德。堂祖父叔麒，宋咸淳进士，晚年从事医学，医德十分高尚，他们均对朱丹溪有一定的影响。而朱丹溪的妻子一家，更是厉害，岳父戚象祖，是东阳县学教谕①，后将家搬迁到永康太平这个地方，50 岁后担任绍兴和靖书院山长②，信州道一书院山长，多次乞辞不受。黄宗羲《宋元学案》有"戚氏家学"专条，戚家有五代人列传，可谓家学渊源。

传奇的地方还在于，朱丹溪学医是半途出家的，他早年广览群书，因目睹疾病之害，30 岁时才清修笃行，致力于医，研究医学名著，对《内经》《难经》等经典医籍领会颇深。学医数年之后，医术超群。他有医名之后不再局限于小范围的成就，而是四处拜访名医，登门求教，在 45 岁时，闻得钱塘罗知悌有医名，专程拜见求教，往返十数次，罗知悌感动收其为弟子。这一拜，拜出了中国医学金元四大家③之一的朱丹溪；这一拜，拜出了一个神奇的中医流派——滋阴派。

当然，只是简单梳理这个过程，是很不严谨的，但我们必须用尽量少的话，来概述当时医学的发展之路。姑且从河间学派说起。河间学派是以阐发火热病机及辨证治疗为中心内容的学术流派，始于金代的刘完素。这里提到的刘完素，字守真，河间(今河北省河间县)人，故后世又称刘完素为刘河间，以其为代表的学术流派则被称为河间学派。他大约生活在北宋末年至金朝建立初期，即

① 教谕，元明清县学皆置教谕，与训导共同负责县学的管理与课业，官为正八品，掌文庙祭拜，教育所属生员。

② 山长，历代对书院讲学者的称谓，即专任老师。

③ 金元四大家或称金元四家，是指中国古代金元时期的四大医学流派，即刘完素的火热说、张从正的攻邪说、李东垣的脾胃说和朱震亨的养阴说。

宋徽宗大观四年(1110年)至金章宗承安五年(1200年)之间，是金元时期的著名医家，为后世所称“金元四大家”中的第一位医家。刘氏发挥《内经》中关于火热病机的论述，大倡火热之说，用药多寒凉。河间学派主要盛行于宋、金、元、明时期，其火热之说主要经过张从正、朱震亨、戴思恭、王履等人的发挥而得以发展和完善，其中以张从正、朱震亨最具代表性。张从正发挥刘完素之“火热论”，倡导攻邪学说，学术上主张先论攻邪，邪去而元气自复也，并提出用汗、吐、下攻邪三法祛除病邪。朱震亨从生理角度来补充了火热发病的生理机制，提出“相火论”与“阳有余而阴不足”二论，完善火热病机，并阐发杂病诊治之法，形成独特的“养阴说”。真应了《四库全书总目提要》那句话：“儒之门户分于宋，医之门户分于金元。”

元贞元年(1295年)，朱丹溪父亲因病去世。朱丹溪和两个弟弟都尚年幼，全家靠母亲一人支撑。朱丹溪的童年既经历了艰辛的磨难，又受到了母亲良好的教育与熏陶。在逆境中成长的朱丹溪，性格豪迈，见义勇为，从不肯屈之人下。元大德四年(1300年)，朱丹溪年满20岁，时任义乌双林乡蜀山里里正(相当于现在的村主任(或村长))。他刚正不阿，敢于抗拒官府的苛捐杂税，因而深得民众的拥护，连官府都忌他三分。

朱丹溪30岁时，母亲患脾疼症，而诸医束手，因此他就立志学医。他刻苦钻研《素问》等书，“阙其所可疑，通其所可通”(见朱丹溪《格致余论·序》)，克服了学习上的种种困难，经过五年的勤奋苦学，既治好了母亲的病，也为日后的医学打下良好的基础。延祐元年(1314年)八月，恢复科举制度。朱丹溪在学医期间，曾参加过两次科举考试，但都没有考中。朱丹溪36岁时，在强烈的求知欲驱使下，到东阳从师许谦①，学习理学。过了四年，成为许谦的得意门生。许谦因卧病日久，鼓励丹溪学医。于是，朱丹溪决意断绝仕途，专心从事医学事业。朱丹溪专业从医的时候，已经40岁了。过了两年，朱丹溪42岁时，治愈了许谦多年的顽疾。

---

① 许谦(1269—1337年)，字益之，号白云山人，东阳市人。金华建有何基、王柏、金履祥、许谦“四贤书院”。

泰定二年(1325 年),朱丹溪 45 岁,渡钱塘江,千里迢迢来到吴中。后到宛陵(今安徽宣城),上南徐(今江苏镇江),辗转建业(今南京),但始终没有找到一位适合当老师的人。有人告知,杭州罗知悌①医术高明,学问精湛,他就不顾夏日的炎热,日夜兼程,匆忙赶到杭州求教。罗知悌精于医,得金刘完素之学,为刘完素的二传弟子,旁参张从正、李东垣两家,曾以医侍宋理宗。罗知悌对朱丹溪既有理论的传授,又有实践的教诲,使朱丹溪的医术有了长足的进步。朱丹溪经过长期不断的实践,总结出一个重要的论点,即"阴易乏,阳易亢,攻击宜详审,正气须保护"(见朱丹溪《格致余论·序》),为创立后来的"丹溪学派"奠定了坚实的基础。两年后的 1327 年,罗知悌去世。朱丹溪安葬了师父后回到义乌老家。数年后,声誉顿著。

在如此简单描述下,不仅朱丹溪一生的传奇显现起来,而且戴思恭也由此翻开他传奇人生的第一页。

戴思恭初见朱丹溪,是 1338 年祖母刘锦病重时,朱丹溪跋涉百里路来马剑就诊。他们的见面,也许是前世缘分。当然也许波澜不惊,朱丹溪眼里恐怕没有这个毛头小伙子,戴思恭这个山里孩子也对阅历丰富的朱丹溪没有多少认识。毕竟当时,15 岁的戴思恭无法仰视 59 岁的朱丹溪。戴思恭只能看到名满江南的朱丹溪忙忙碌碌,伺机在旁边服侍而已。仰视,也需要一定的立足点,而以当时戴思恭的立足点,还远远望不见朱丹溪这座巍峨大山。

一直到 1343 年,失去母亲的戴士垚下定决心学医。他带着 20 岁的戴思恭和 8 岁的戴思温,步行了近百里路,从诸暨马剑村翻山越岭一直走到义乌赤岸村。这一年,朱丹溪 63 岁,戴思恭相当于他孙儿一辈。同一天,戴良的两个妻舅赵良本和赵良仁,也一起向朱丹溪行拜师礼。这一拜,拜出了进入浦江县志也进入中医典籍的五位名医大师。

宋濂在《戴仲积墓志铭》里状写戴士垚的医术:"不数年来,隐隐名动吴越

① 罗知悌,宋末元初医学家。字子敬(一说字敬夫),号太无,钱塘(今浙江杭州)人。曾得名医刘完素门人荆山浮屠之传。南宋末入宫为内侍,以医侍穆陵,颇受宠厚。宋亡,掳至燕京,然辞不入内廷,闭门绝客,专研医术。学宗刘完素,旁通张从正、李东垣之说,将北方刘、张、李诸家学术传至江南。

间，有不远数百里来迎君者。君以脉证形色，定人生死，治不治辄先喻日期，后偻指证之，百不失一二。”说明戴士垚医术也是得到社会公认的。杨维桢[①]为戴士垚作的《听雪斋记》里也提到他“将北上京国，有风云之会”，元代的“京国”指大都北京。

在郑沂所撰的《戴思恭行状》里，这样写道：“时公才弱冠，从府君谒丹溪。即蒙期待甚至，议论竦动伦辈。于是公游丹溪之门三十余年，岁或十余往返，其于讲学切间，皆圣贤宏奥，医特一事耳。”王汝玉的《戴思恭墓志铭》里，是这样写的：“丹溪一见奇之，悉语以濂洛授受之懿，及医药诸家要旨，遂以医道鸣浙东西。”李濂的《戴思恭传》说：朱丹溪“见其颖悟绝伦，乃尽授其术”。曹昌[②]的《墓志铭》则稍稍详细一点：“公初及门，叹曰：医学以济于天阏，特格物一端耳。能穷理尽性，以致于命，于医乎何？朱丹溪每与语，辄奇之。遂悉告以濂洛授受之旨，微辞奥义，靡所不究，既而取诸家医书读之，了然心目间，别是非得失，若指黑白。”“一见奇之”，恐怕是谀辞了。

郑沂来自被朱元璋赐以“江南第一家”美称并在此后屡受旌表的浦江郑氏家族，和戴思恭既有同乡故旧之谊，又系洪武末年由浦江义门入荐于朝，任礼部尚书之职多年，“故知公为悉”，他提供的资讯基本可靠，但也有错讹。郑沂说的“游丹溪之门三十余年”，如从 1343 年拜师算起，到朱丹溪逝世的 1358 年，也不过十五年时间。而若从古代学医的时间来看，一般是六年。如赵良仁 28 岁由朱丹溪见授以《素问》《难经》，三年后遂从丹溪临诊切脉，再过三年朱丹溪令其诊治，某是某非，则校正之，也不过六年时间而已。而若从 1357 年冬，戴思恭自嘉禾（嘉兴）归，访楼英于萧山仙岩，二人促膝细谈这个具体时间来看，这时戴思恭已经开始行医。所以郑沂所言是不确实的。至于郑沂说的“岁或十余往返”，每年往返十余趟，从戴思恭去世前十天还抱病奔走百里去祭奠朱丹溪坟墓来看，这是极可能的事情。

在“丹溪学派”的形成过程中，戴思恭功不可没。但若说朱丹溪只有戴思恭

① 杨维桢（1296 年—1370 年），元末明初著名诗人、文学家、书画家和戏曲家。字廉夫，号铁崖、铁笛道人，今诸暨市枫桥全堂村人。与陆居仁、钱惟善合称为“元末三高士”。

② 曹昌，时任监察御史。

这一位著名徒弟，则是大大减弱了朱丹溪在中国医学史上的地位。据樊金的研究："刘完素亲传弟子有穆子昭、荆山浮屠、马宗素、董系四人。荆山浮屠再传于罗知悌，罗知悌三传于朱震亨。朱震亨四传于戴思恭、王履、赵良仁、赵道震、刘橘泉等人。戴思恭有弟子王宾、汪机等，刘橘泉复传于其子刘纯。另有王纶、虞抟等人私淑于朱震亨。"从而形成现在还广为流布的"丹溪学派"。可以说，朱丹溪的学说已经有机地融合于整个中国医学学说之中了，而"丹溪学派"也就完成了历史使命，同样有机地融合于整个中医学界之中了。

必须再次强调：在"丹溪学说"形成的过程中，最具决定作用的是戴思恭。宋濂《题朱彦修遗墨后》里曾赞曰："三尺之童，亦知先生(指朱丹溪)之贤。其非原礼所致耶?"可见戴思恭对朱丹溪学说的形成和发展，无疑起了巨大的推动作用。当然这是后话了。

在戴思恭向朱丹溪学医的过程中，一直经历着亲人离世之痛。1343年，20岁的戴思恭拜朱丹溪为师。三年后的1346年，戴思恭23岁，朱丹溪母戚氏卒；再过了三年，1349年，戴思恭25岁，父亲戴士垚卒；次年，1350年，戴思恭27岁，祖父戴暄去世；又过了五年，1355年，戴思恭32岁，朱丹溪年仅52岁的大儿子朱嗣衍卒；又过了三年，1358年，戴思恭35岁，恩师朱丹溪永别人间。这十几年，正是风华正茂的年龄段，戴思恭却一次次被悲伤撞击。我们无法知道，这些悲伤给他的性格和医学观点的形成，有着怎样的影响。

朱丹溪教育学生还是比较开明的。首先是教育学生有医德，不可轻视人之生死，对重危病人，"竭力治之，至忘寝食"。其次是抓住最高的道来教育学生，这一点上文已经提及。尤其值得注意的是，他不以己尊，不独大自用，而是有着具体问题具体分析的辨证论治医疗思想，"不执古方而究病所本"①，受到了一代代后学的尊重，从而这种辨证论治的医疗思想成为"丹溪学派"的重要血脉之一得以流传。

我们更应该看到，朱丹溪自身起到的榜样作用。戴良的《朱丹溪传》里，这

---

① 见陈镐《蒋恭靖别传》，蒋恭靖即蒋用文，由戴思恭荐入太医院为御医，永乐八年升院判。

样写道："翁（指朱丹溪）春秋既高，乃狥张翼等所请，而著《格致余论》《局方发挥》《伤寒辩疑》《本草衍义补遗》《外科精要新论》诸书。"而我们具体考证的结果是：母亲去世一年之后的1347年10月，朱丹溪撰《格致余论》成，收41篇医论，邀请还在浦江东明山隐居的宋濂题词，宋濂写了《格致余论·序》一文；同在这一年，朱丹溪还编写成《局方发挥》，这是戴思恭在朱丹溪身边学习的第四年。儿子去世两年后的1357年，朱丹溪完成了《风水问答》，请胡翰写序言，这是戴思恭从师朱丹溪学习的第14年。朱丹溪在事业和亲情面前，给学生做出了很好的表率。

朱丹溪在《格致余论》里，这样写下自己对医学的深度思考：

> 太极，动而生阳，静而生阴。阳动而变，阴静而合，而生水、火、木、金、土，各一其性。惟火有二：曰君火，人火也；曰相火，天火也。火内阴而外阳，主乎动者也，故凡动皆属火。以名而言，形气相生，配于五行，故谓之君；以位而言，生于虚无，守位禀命，因其动而可见，故谓之相。天主生物，故恒于动，人有此生，亦恒于动，其所以恒于动，皆相火之为也。

这一段文字，可以和戴良《朱丹溪传》里的这一件事互相参看："一日，门人赵良仁问大极之旨。翁（朱丹溪）以阴阳造化之精微与医道相出入者论之，且曰：'吾于诸生中，未尝论至于此。今以吾子所问，故偶及之，是盖以道相告，非徒以医言也。'赵出语人曰：'翁之医其始橐于此乎！'"古代中国医家遇到棘手的问题，往往向最高的道求救，而最高的道也会给医家提供解决难题的方法。

《格致余论》因"古人以医为吾儒格物致知一事"而得名，朱丹溪于书中提出了许多独到见解。著名的"相火论""阳有余阴不足论"等俱载于此书，他还提出保护阴血为摄生之本，罗列色欲、茹淡、饮食诸论，强调饮食起居的重要性。朱丹溪在序言里还回忆自己学医的几个阶段，给后学者如戴思恭以巨大的启发：

> 震亨三十岁时，因母之患脾疼，众工束手，由是有志于医。遂取《素问》读之，三年似有所得。又二年母氏之疾，以药而安。因追念先

子之内伤，伯考之瞀闷，叔考之鼻衄，幼弟之腿痛，室人之积痰，一皆殁于药之误也。心胆摧裂，痛不可追。然犹虑学之未明，至四十岁复取而读之。顾以质钝，遂朝夕钻研，缺其所可疑，通其所可通。又四年而得罗太无讳知悌者为之师，因见河间、戴人、东垣、海藏诸书，始悟湿热相火为病甚多。又知医之为书，非《素问》无以立论，非《本草》无以主方。

大家知道，自身经验往往是最宝贵的资源，可以让读该书者有最切近的体悟。于是戴思恭在《推求师意》的医案里，也写下自己的体验："予旧有甘橘积，后山行饥甚，食橘、芋。橘动旧积，芋复滞气，即时寒热，右丸肿大。先服调胃剂一二帖，次早注神使气至下焦，觉积动，呕逆，吐之复吐，后和胃气、疏通经络而愈。"（见《杂病门》"卷之下"第十个医案）年轻的戴思恭步行百里去义乌见老师，路上饥渴，只能生吃橘、芋，造成身体不适，他将这一事记录在自己的医书里，我想他当时的内心是平静的，但同时又是暖暖的。

《格致余论·呃逆论》还记载着一件和戴家有亲戚关系的医案："赵立道，年近五十，质弱而多怒。七月炎暑，大饥索饭，其家不能急具，因大怒，两日后得滞下病。口渴，自以冷水调生蜜饮之甚快，滞下亦渐缓，如此者五七日，召予视。脉稍大不数，遂令止蜜水，渴时但令以人参、白术煎汤调益元散与之，滞下亦渐收。七八日后，觉倦甚发吃，予知其因下久而阴虚也，令其守前药。然滞下尚未止，又以炼蜜饮，如此者三日，吃犹未止。众皆尤药之未当，将以姜、附饮之。予曰：补药无速效，附子非补阴者，服之必死。众曰：冷水饭多得无寒乎？予曰：炎暑如此，饮凉非寒，勿多疑。待以日数，力到当自止。又四日而吃止，滞下亦安。"这个赵立道，就是戴良的姐夫、朱丹溪的弟子赵良本。这些精心撰写的医案，点点滴滴，构成了中华医学的煌煌殿堂。

青灯映照一颗颗灰白头颅，映照一册册黄卷，寂静中时间过得很慢，但世界加快了脚步。即使用那么快的脚步，也依然赶不上缓慢流动的时间。

4 悬壶吴中

戴思恭似乎是朱丹溪行走着的影子。

不知道戴思恭哪一年满师。我们只知道，戴思恭满师之后，如果离义乌近的话，每年往返十多次去见老师，如果离义乌远的话，时时和老师书信联系，即使自己年老致仕，还是挣扎着去祭拜老师。

所以，似乎戴思恭一直未满师毕业，他一直追随着朱丹溪的脚步，仰望恩师，唯师是从。

但一个人毕竟要独自面对世界。戴思恭选择吴中作为第一次落脚的地方，在老师曾经居住的地方，让朱丹溪复活、生根、发芽。

吴中，是戴思恭留下自己悲伤和欢乐的地方，当然，也是戴思恭为朱丹溪留下元末医道最强音符的地方。

"吴中"并不是中国历史行政区划中的固有名称，它的范围随着历史的沿革亦发生相应的变动。据《辞源》"吴中"条所释，说法有二。一是"泛指春秋时吴地。《史记·项羽本纪》：'项梁杀人，与籍避仇于吴中'"，这是最早关于吴中的记载，从广义范围来看，认为吴中地区包括了苏州及苏州之外的松江、湖州等太湖流域和浙西地区。二是"旧对吴郡或苏州府的别称"，但这并不意味着吴中所指的地域范围历史以来的建置沿革是一成不变的。《同治苏州府志》卷二《建置沿革》里说"(宋)嘉定十年割昆山，地置嘉定县，凡领县六"为"吴、长洲、昆山、常熟、吴江、嘉定"；又说"元至元十三年改平江路"，"领县二"为"吴、长洲"，"州四"

为“昆山、常熟、吴江、嘉定”。此处的长洲，在今江苏苏州市西南、太湖北。此外，《元史》对吴中的建置沿革亦有记载，与《同知苏州府志》提到的基本相符。由元至明，吴县、长洲、昆山、常熟、吴江、嘉定、崇明七地为吴中属地是确定的。关于刚才提到的“松江”的建置级别，据《元史》卷六十二志第十四《地理五》：“松江府，唐为苏州属邑。宋为秀州属邑。元至元十四年，升为华亭府。十五年，改松江府，仍置华亭县以隶之。”①

十三世纪下半叶，意大利旅行家马可波罗游历苏州时，当地建筑、物产和医学等给他留下了十分深刻的印象，《马可·波罗游记》中提到的“苏州城漂亮得惊人”，“有许多医术高明的医生，善于探出病根，对症下药”，说明了吴门医学很早就引起海外旅行家的重视。明清时期，人们将这里的中医称作“吴医”。

而吴医之盛，始于戴思恭。

一个个熟悉的地名，就这样出现在与戴思恭有关的人物履历里。吴兴、昆山、长洲、松江、华亭……最终，围绕在戴思恭周围形成“吴门医派”。明人杨循吉②在《苏谈》里评论：“今吴中医称天下，盖有自矣初。金华戴原礼……有彦修医案十卷，秘不肯授仲光。仲光私窥之，知其藏处，俟其出也，径取之归……于是仲光之医名吴下，吴下之医由是盛矣。”说到吴医和戴思恭的关系，吴医之所以出名是靠王宾的医术，而王宾的医术又实源自戴思恭。百度百科“吴门医派”条目里，则直接罗列了一些和戴思恭有关的吴门医家：

> 吴医渊源人物，包括戴思恭，王宾，韩奕，王履……
>
> 吴门御医，包括周广，盛寅，钱瑛，卢志，薛铠，薛己，徐镇，刘观，徐灵胎，曹沧……

戴思恭没有像他老师朱丹溪那样，形成独特的“原礼学派”。但如大家所知道的那样，戴思恭的追随者们，除了衍生出“吴门医派”之外，还有“新安医派”。

---

① 见李茜茜：《元末明初吴中文人群体研究》，复旦大学博士学位论文，2014.

② 杨循吉，字君卿，一作君谦，号南峰、雁村居士等，苏州府吴县人。成化二十年进士。授礼部主事，因病致仕，有《松筹堂集》及杂著多种。

新安医学，系古徽州辖区之歙、休宁、婺源、绩溪、祁门、黟六县医家，根据徽州的地理环境、气候条件和生活习性，提出的一整套系统的医学理论、辨证的治疗学说，以及在临床的应用成就，从而形成的独树一帜的医学流派。新安医学代表人物之一的汪机①，就直接受惠于戴思恭的《推求师意》一书。

这些医派，虽然没有冠上戴思恭的大名，却扎扎实实地经营戴思恭留下的医学遗产，直至如今。

戴思恭到吴中行医，可能得到朱丹溪和赵良仁等人的指引。有前辈的探路，后来者在地点选择、人际交往等方面有很多便利。

早在元泰定二年(1325 年)，45 岁的朱丹溪来到吴中。“但闻某处有某医，便往拜而问之”②，这就是著名的千里寻师之行。到宛陵(今安徽宣城)，上南徐(今江苏镇江)，辗转建业(今南京)，“连经数郡”，但始终没有找到一位适合当自己老师的人。朱丹溪到吴中寻师一事，肯定给后学者以启发，后学者如赵良仁也一定耳闻过吴中大名。

当时，朱丹溪与苏州名医葛可久③相交甚厚，互相推崇，二人经常一同会诊。明代周恭撰写的《医说续编》一书里记载了这样一件事。有一次，江浙行省有某平章④在上任的时候，途中忽患中风，四肢不举。请葛可久前来诊治，甚感棘手。于是葛可久要平章命人到义乌传朱丹溪到来。会诊后，朱丹溪道：“病已危殆，不可救药了。”葛可久说：“我也知其危殆，故请你来。不过，还有一针法可用。”朱丹溪沉思一下，接着说：“针法只不过可以暂时运动他的二肢，对疾病并没有好处。”朱丹溪问了平章的回家路程，计算一下，就对他们说：“即刻回去，还可到家，稍为迟缓，就来不及了。”平章真的到家后就去世了。

和戴思恭同时拜师的赵良仁，则早于戴思恭去了吴中行医。据赵良仁自

---

① 新安医学奠基人汪机(1463 年—1539 年)，字省之，别号石山居士，安徽省祁门县城内朴墅人。

② 见楼英《医学纲目》卷之三《阴阳脏腑部 · 治法通论》。

③ 葛可久(1305 年—1353 年)，名乾孙，医学家，平江路(大致在今江苏吴县)人，父葛应雷也为名医。著有《十药神书》。

④ 平章，即元代行中书省置平章政事，为地方高级长官。

述："从先生（指朱丹溪）学十余年而来吴中，比三年先生殁。"赵良仁拜师是在1343年，而他在元至正十三年（1353年）到吴中，"从官宪司[1]"，被推荐为医馆官。张士诚起义，据泰州；元至正十六年（1356年）二月，张士诚攻下平江，召赵良仁，赵良仁不往。赵良仁因想，先生老矣，恐所授或有未尽，因谋公差之便，挈家避故里，得以再见丹溪。这样两年后，他再次回到义乌朱丹溪老师处学医。当然这两年里他离开苏州，也和时局有关。这段时间也许赵良仁和戴思恭聊到过吴中的富盛，以及吴中对医家的需求。元至正十七年（1357年）七月，张士诚请降于元，赵良仁在浦江住了没多少时间，复回吴中，遂占籍长洲，治疗多有验效。根据互联网搜索到的资料说，赵良仁"曾治愈肠外膜原之间结痈及肺痈胸间溃一窍等顽症"。

而这些名医之所以到吴中，主要是因为吴中之富盛。吴中富盛，历代闻名。明代中期大学士丘濬[2]就写过："韩愈谓赋出天下，而江南居十九，以今观之，浙东西又居江南十九，而苏、松、常、嘉、湖五郡又居两浙十九也。"清代文化人潘耒[3]《送汤公潜庵巡抚江南序》也写过："自唐以来，江南号为殷富。宋时亩税一斗；元有天下，令田税无过亩三升，吴民大乐业，元统、至元之间，吴中富盛闻天下。自明初没入张氏故臣及土豪田，按其私租籍征之，亩至八斗，而民始困……盖吴中之民，莫乐于元，莫困于明，非治有升降，田赋轻重使然也。"首先，经济富庶程度是医学人物产生和发展的基础。医家密集区多是经济发达之地，经济繁荣为文化学术发展提供了良好环境，同时经济发达使得人们追求长寿，具备求医的基础，这也为医家的培养和发展提供了有利条件。其次，疾病流行是产生医家的一大重要因素。如江南温病学派形成于江苏吴中，温病学家集中于此，

① 宪司，元代习用语。不是具体某种官职，犹上司。

② 丘濬，字仲深，号深庵，琼山（今广东省琼山县）人。明景泰五年进士，后迁国子祭酒。孝宗时进礼部尚书，寻兼文渊阁大学士，参与机务，后加少保，弘治八年卒。著有《大学衍义补》一百六十卷，所存诗文编为《丘文庄公集》。

③ 潘耒（1646—1708年），清初学者。字次耕，一字稼堂、南村，吴江人，潘柽章弟。清康熙十八年，举博学鸿词，授翰林院检讨，主纂《明史·食货志》，终以浮躁降职。其文颇多论学之作，也能诗。所著有《类音》《遂初堂诗集》《文集》《别集》等。

是由于气候潮湿加上人口过多致使疫病流行。于是，就像杨循吉在《苏谈》里说的那样："今吴中医称天下……"

戴思恭到吴中行医，可能还有一个因素，就是政治因素。政治中心是统治者和富人的居所，他们对长寿和健康的要求超过普通人，促进从事医学的人数增多；若中央政府重视学术，文化学风就旺盛，从而带动医学发展。《明史·张士诚传》记载，张士诚在至正十七(1357 年)投降元代后，就盘踞吴中，"又好招延宾客"，一时使得"诸侨寓贫无籍者争趋之"。其中恐怕就有戴思恭，他闻风争趋，以冀建功立业，但见张士诚骄奢情状又甚失望，遂改名为"木客"①，又为人治病。这也为戴思恭后期离开吴中做了铺垫。

戴思恭在吴中到底是哪几年呢？我收集的资料不多，留下很多空白，只能根据片断进行想象式连缀。

郑沂所撰的《戴思恭行状》，谓其"壮岁游吴越间"，没有特意指明是"浙西"。郑沂和戴家是老交情，知根知底；同时郑沂和戴思恭时代接近、年龄接近，对戴思恭的行事比较熟知，他这样写，肯定是有确切事实的。而今人戴关土主编的《明代医学之冠戴思恭》里的《戴思恭年谱》记载，至正二十四年(1364 年)戴母刘氏亡故，戴思恭自当返浙奔丧，次年又请宋濂为父撰墓志铭；又四年，为明洪武二年(1369 年)，宋濂为戴思恭撰《题朱彦修遗墨后》，谓"原礼以其学行于浙河之西，从之者日益多"。可知戴思恭最迟自至正二十四年(1364 年)起即返浙，但也没有指明从何处返浙江，到底是"浙西"还是"吴中"。但指明"返浙"，说明一般不在浙江范围，所以我们推断在苏州的医事活动也就是至正十七年(1357 年)至至正二十四年(1364 年)之间的一段时间。如此说来，戴思恭"悬壶吴中"是 34 岁到 41 岁之间的事情。

但是次年(1365 年)，发生了一件事情，就是戴思恭请宋濂撰写《戴仲积墓志铭》，内有戴思恭母亲刘氏临死之前，"命其子思恭等"，一定要请宋濂写一篇墓志铭以"不朽"，"于是思恭哭拜于门，授君《行状》及刘之言告以情"。当时宋濂已经在应天(南京)担任朝廷起居注的官职。从这一细节来看，戴思恭后来又去

① 木客，本义是传说中的深山精怪，这里指隐而不仕。

过南京面见宋濂。根据地理，南京在北，苏州在南。而按照一般说法，就是 1364 年后戴思恭就离开吴中去浙西行医，所以，这里给我们留下一个需要解开的谜：1364 年后戴思恭到底有无再次到过吴中？这个谜底我们在下一章"行医浙西"里解答。

这里有一个有趣的现象，就是戴思恭的叔父戴良此时一直在苏州。戴良在 1361 年接受元代任命，就去张士诚实际控制的苏州担任淮南淮北等处儒学提举，到 1365 年逃离苏州，叔侄两人之间本来有诸多交集，可惜没有一点资料证明两者有过亲密接触。戴良交际人物众多，常常写诗赠人，可惜并无一首写给戴思恭。戴良有一首《长洲苑送人》：

圣泽竭周京，伯功侈吴甸。馆娃既有宫，长洲复名苑。奇葩由化造，异羽自神选。娱乐缠睿思，盘游注英眄。托乘色斯升，触轮贤已远。治乱良未寻，兴亡竟谁辨。蹉跎世运移，凄恻海田变。君子属于役，举觞此追饯。行矣临长途，怅焉罢欢宴。何当即旋驾，名邦重游衍。

不知送谁，看内容有历史沧桑感，似乎也不是赠送给小辈戴思恭的，倒是很可能送给妻舅赵良仁的(戴良给赵良仁写过很多诗文)。而戴良当时带着戴思温，戴思恭和戴思温两兄弟之间似乎也无多少联系，也许是和苏州当时的紧张形势有关系。

倒是宋濂在《送戴原礼还浦阳序》一文里，留下了戴思恭在吴中悬壶的几则医案，说明他医术之高。

一则医案是：

松江诸仲文，长夏畏寒，身常挟重绵，食饮必热如火。方下咽，微温则呕。他医授以胡椒煮伏雌之法，日啖鸡者三，病逾亟。原礼曰，脉数而大且不弱。刘守真云，火极似水，此之谓矣。椒发阴经之火，鸡能助痰，只以益其病尔。以大承气汤下之，昼夜行二十余，顿减绵之半，复以黄连导痰汤，益竹沥饮之，竟瘳。

有些书把“诸仲文”写作“朱仲文”。本医案“盛暑厚衣，常御重绵，饮食必令热极始下咽”，酷似虚寒之症，无怪乎他用温补之法。戴氏据其“脉数而大且不弱”，遂拨开迷雾，识得“庐山真面目”，认定为“火极似水”之症，径投承气攻泻实热，旋收立竿见影之效。松江近苏州，所以本医案我们可以看作戴思恭吴中时期的作为。这个医案，有病症，有其他医生的医疗方法，也有戴思恭的医学理论以及具体药方，以及最终疗效，前因后果叙述清晰，给后代医学生以很大启发。

另一则医案是：

乐原忠妻因免乳后，病惊，身翩翩然如升浮云之上，举目则室庐旋运，持身弗定。他医饮以补虚治惊皆无验。原礼曰，左脉虽芤且涩，神色不动，是因惊致心包络积污血尔，法宜下之。下积血如漆者一斗，即愈。

这里的“芤”，是中医学脉象之一，重按时中间无而两边有的脉搏。有另外版本提到：“乐原忠妻，亦苏人。”所以我们将这则医案归到此处。此医案临床多以虚症论治，但是戴思恭诊察细致，从左脉芤且涩、神色不变推断出是因惊致心包络积污血。而血主神，故血活淤去而神自安。

还有一则医案是：

姑苏朱子明之妇病，长号数十声暂止，复如前。人以为万所凭莫能疗。原礼曰：此郁病也。痰闭于上，火郁于下，故长号则气少舒。经云，火郁则发之是已。遂用重剂涌之，吐痰如胶者无算，乃复初。

本医案因郁怒不畅，肝失调达而致肝气郁结。肝郁及脾，脾失健运，蕴失化痰，导致气滞痰郁。朱丹溪说：“郁者，结聚而不得发越也，当升者不升，当降者不降，当变化者不得变化，此为传化失常，六郁之病见矣。”在治郁病过程中，也可清除痰饮。戴思恭秉师意，在病的早期用涌剂，排除实邪，使气机条达，防止久郁致虚。

这些医案大同小异，都体现了戴思恭的医学理论，展示了戴思恭的具体药方。两则医案都有“痰”这一关键词语，直接勾勒出戴思恭的医学思考。戴思恭《金匮钩玄》里认为，关于痰饮的病因病机，“或饮食不谨，或外伤六淫，或内感七情，或食味过厚，皆致谷气不升资发，荣卫郁滞而成膈热，故津液不行，易于攒聚，因气成积，因积成痰”。此外，戴思恭认为痰饮除生于脾胃外，还有生于经络者，“窃谓痰饮之生，有生于脾胃，有生于六经，所起不同，若论感邪与为病，之形症则一也”。戴思恭既有高深的医学理论，又有具体实践效果，所以深得苏州人厚爱，据说当时他在家门诊每看一病患就得五两银子。

医术高明的戴思恭，怎么也想不到，会结交一个富有才华而又前来偷艺的“贼”。而他们的相交、相知、相悖、相离，简直是一部情节曲折的戏剧。

此人叫王宾，他真的不是一个俗人，简直可以称之为“牛人”“奇人”。他和后成为明成祖太子老师的姚广孝关系很好。据说，当时姚广孝获得燕王重视以后，多次去见老朋友王宾，其排场盛大，人数众多，蔚为壮观。王宾对姚广孝说：“和尚误矣。”意思是和尚做错了，不应该如此。王宾奉母至孝，不肯做官出仕。建文帝即位时，王宾有诗云：“数茎白发乱蓬松，万理千梳不得通。今日一梳通到底，任教春雪舞东风。”看诗文就知道是个自由自在、不拘礼俗、野云闲鹤般的人物。

王宾，初名国宾，字仲光，号光庵。元末明初吴县木渎镇（今苏州市吴中区）人。父王安之，善相术。王宾自幼聪颖，七八岁入乡塾，刻苦攻读。二十岁时，自唐虞三代以下，至秦汉唐宋元的六经贤传、诸子百家、阴阳历数、山海图志、兵政刑律及稗官野史之类，均已博览，无所不知。然潜隐不仕，终身独居，不娶妻妾，幽怀萧散，放棹烟江。清初钱谦益在《列朝诗集小传》中将王宾、韩奕、王履称为“明初吴中三高士”。王宾曾寓居虎丘，题其室曰“三畏斋”。他著有《光庵集》十卷、《王宾诗集》二卷、《吴中古迹诗》一卷、《吴中杂咏》一卷、《吴中故语》、《吴上名贤记录》、《虎丘旧志略》、《虎丘诗集》；还工丹青，曾在天平山绘制《龙门春晓图》等画作。

戴思恭来苏州悬壶行医时，王宾只是业儒，尚未知医，慕名前往面谒并咨学医之道。戴思恭告知须熟读《素问》，王宾归而苦学三载。三年后戴思恭见到王宾，闻王宾谈论医理大为惊骇，自叹不如。王宾虽精熟医学理论，但还未能临诊。戴思恭有《丹溪医案》十卷，秘不示人。戴思恭秘藏不示人的原因大概有二：一是需要时间对全部医案进行消化吸收；二是校正加按，这一工作未及完成，即《丹溪医案》还只是“半成品”。王宾私窥而知其藏处，等戴思恭外出，“见其书八册”①，径取归研习。戴思恭回家发现医案遗失，叹息不已。这一年大概是至正二十一年(1361 年)。三年后，戴思恭离开苏州南归故里。王宾得到《丹溪医案》后，深入研读，指导实践，用则神效，“于是仲光之医名吴下，吴下之医由是盛矣”。

很多古书都记载了此事。《吴江县志》谓：“宾得之戴原礼，原礼得之丹溪朱彦修，故其术特精。”《明史・盛寅传》记载王宾师从戴原礼的详情：

> 初，宾与金华戴原礼游，冀得其医术。原礼笑曰：“吾固无所吝，君独不能少屈乎?”宾谢曰：“吾老矣，不能复居弟子列。”他日伺原礼出，窃发其书以去，遂得其传。

戴思恭和王宾也许年纪相近。戴思恭要王宾做徒弟，王宾颇为自负，傲慢推辞了。

后来，王宾在府治(今苏州市区)开设药店行医，他乐善好施，里巷贫者求治，即往诊视，并施以药物。最后王宾的医术、医书尽传于学生盛寅②。《明史》上说，王宾“偷技学医”，可是自己无子，就把绝学本领全教给盛寅。《稗史・汇编》谓：“宾将死，以其书授盛启东、韩叔炀云。”盛寅的医术由此大进，“既得原礼之学，复讨究《内经》以下诸方书，医大有名”。永乐年间任苏州府医学正科，后授太医院御医。盛寅一门为医者甚多，其弟盛宏，子盛僎，侄盛伦，孙盛恺、盛旷，形成盛氏世医一脉。盛寅医术再传于刘毓、李懋二人，此二人后均授为御

① 见王文恪《震泽纪事》之“记原礼公事”。另外说法是十册。

② 盛寅(1375—1441 年)，字启东，吴江(今属江苏省)人，是戴氏的再传弟子。永乐初年为御医。

医。王宾的从曾孙王观，字惟颙，继承祖传，医操远识，治病获奇效者先后不可胜数。据记载，明成化(1465—1487年)后大江南北及京师称“上医”者，王观为之冠。盛氏一脉关系图如下，以显示戴思恭医学在“吴门医派”中的地位：

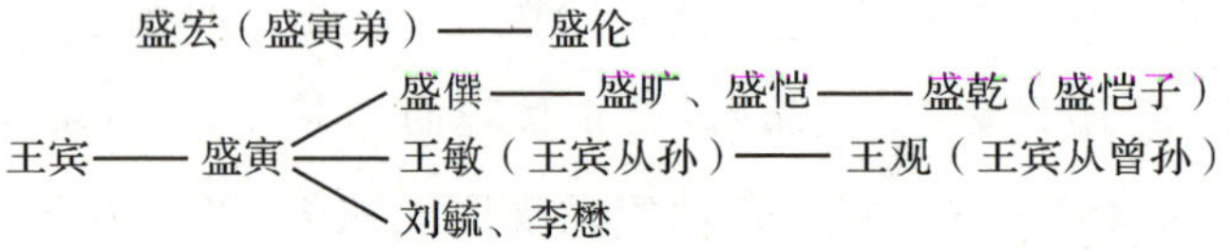

图 4-1　盛氏世医谱系

而一些有医名的儒医，也重新拜戴思恭为师，从而技艺一日千里。比如常州的王彦昭，按《武进县志》“王彦昭”条：“命从金华戴思恭学医，得其禁方脉书，以精慎称。”这样的例子很多。这些人，都可汇入“吴门医派”里。

于是，远在金华的朱丹溪一派医学在吴中落地，开枝散叶，三百年来蔚为大观，而源头就在明初的这次“盗窃事件”。王宾偷窃戴思恭，偷出了一个“吴门医派”，其行可鄙亦可叹！

而这件事最玄妙之处是戴思恭从来就没有去惩罚过偷窃者王宾，这甚至让我们怀疑，这场偷窃是戴思恭精心策划的“馈赠”。

5 行医浙西

我们一直找不到戴思恭在浙西行医的确凿证据。但是在一些早期的记载里，我们依稀看到，戴思恭的身影不断出现在浙西。

至正二十四年(1364 年)，戴母刘氏亡故，戴思恭返浙奔丧。我们不知道戴思恭从何处返家的。1365 年，他去南京延请宋濂为父戴士垚撰墓志铭；四年后的 1369 年，又去南京请宋濂撰《题朱彦修遗墨后》，此文里面说“原礼以其学行于浙河之西，从之者日益多”。据此，有论者开始推论，“戴思恭最迟自 1364 年起即离苏返浙，此后的医事活动亦多在故乡附近”。

这些推论不独今人有，古人也持此观点。如王汝玉的《戴思恭墓志铭》里，是这样写的：“丹溪一见奇之，悉语以濂洛授受之懿，及医药诸家要旨，遂以医道鸣浙东西。”略后的李濂在《戴思恭传》里，则说：“父早卒，原礼盛行于浙之东西。”《医学传心录》一书也转述李濂此语：“原礼盛行浙之东西，晚年遭际圣明。”而戴关土主编的《明代医学之冠戴思恭》一书里的《戴思恭年谱》里，则明确有“惠宗至正二十六年丙午(1366 年)戴思恭 43 岁，行医浙西”的句子，不知这个说法来自何处。

其实，我们还是找不到戴思恭在浙西的影子。首先，所谓“浙之东西”，其实囊括了浙江北部和安徽、江苏部分地区；其次，宋濂说的“浙河之西”也就是浙西，和当今的概念不完全一样。

和“吴中”的地名一样，“浙西”也并不是真正意义上的行政区划。在历史上，宋代已有“浙西”的概念。《宋史·地理志》载：“两浙路。熙宁屯分为两路，寻合为一；九年，复分；十年，复合。府二：平江，镇江。州十二：杭、越、湖、婺、明、常、温、台、处、衢、严、秀。县屯十九。南渡后，复分临安、平江、镇江、嘉兴四府，安吉、常、严三州，江阴一军，为西路。”宋时起，苏州就称“平江”。元代之后，按照《至正金陵新志》中对江南浙西道的记载：“江南浙西道治杭州、平江、湖州、常州、镇江、江阴府，置司杭州。”可知浙西属江南诸道行御史台所下辖。明代中期的大学士丘濬就写过：“韩愈谓赋出天下，而江南居十九，以今观之，浙东西又居江南十九，而苏、松、常、嘉、湖五郡又居两浙十九也。”由此可以看出明时浙西之富足。而丘濬提到“浙东西”包括了“苏、松、常、嘉、湖五郡”。

古以钱塘江为界，分为“浙东”“浙西”两个行政区。在其他一些资料里，也记载了一些关于浙西富有的句子。元代汤弥昌在《送无锡知州王诚甫序》里提过：“于惟浙右租赋甲天下，岁转粟京师数百万石。”浙右，就是浙西。而明人王士性也说：“两浙东西以江为界而风俗因之。浙西俗繁华……浙东俗敦朴，人性俭音推鲁，尚古淳风，重节概，鲜富商大贾。”我们绍兴地区常说“下三府富有”，因为这“下三府”包括杭州府、湖州府、嘉兴府，全是农业时代的鱼米之乡、小康之都！

以上所列出浙西范围，基本上就是后世学者所认为的狭义江南，只不过后世学者对浙西（或者说狭义的江南）地区进行研究时，常常将镇江划出。如陈学文在群言出版社出版的《明清时期杭嘉湖市镇史研究》一书里，认为狭义的江南和太湖流域应包括苏、松、常、杭、嘉、湖最为合理。按此，也就是说浙西地区范围是：镇江东的江苏南部、浙江北部地区以及今天的上海市。若依照元代的行政区划来说则主要包括平江路、常州路、杭州路、嘉兴路、湖州路、松江府和江阴州。注意，这里的“浙西”居然还包括苏州，也就是我们完全可以把戴思恭在吴中的医事也归到浙西！

这样说来，吴中、浙西，在古代居然有区域交叉重叠现象。按照元代的疆域，吴中甚至可以归置到“大浙西”的范围。所以，在本书里，我们提供一个思路，就是戴思恭“行医浙西”其实应该包括“悬壶吴中”的。如此一通融，也可以解释很多人的疑惑：为什么在有些人的说法里，戴思恭浙西行医的时间那么长？为什么有些和戴思恭同时代的人，根本没有提及“悬壶吴中”一事（比如宋濂《题朱彦修遗墨后》里只提“原礼以其学行于浙河之西,从之者日益多”)?

说得更明白一些:其实本无“悬壶吴中”一事,只有“行医浙西”一事,因为“吴中”本就从属于“浙西”。戴思恭在34—41岁之间是“悬壶吴中”,其实这些年也就是“行医浙西”。当然,为了论述方便,本书关于“行医浙西”的内容,排除了前面写过的“吴中”一块内容。凡在“悬壶吴中”一章里出现的内容,就不再重复出现了。

我们可以想象,离开马剑的戴思恭,在壮年时期,行走于钱塘江两岸,白衣飘飘,满身霜露。他伸出干净的手指,抹去头巾下渗出的汗珠。

我们很难找到戴思恭在浙西留下过的具体痕迹。甚至和他交往过的那些人,也不发声援助。于是很多研究者开始在古卷里批览,力求找出蛛丝马迹。

证据差一点在戴良那里找到。有人根据戴良的诗句“晴窗开药笼,雨馆倚书床”里“药笼”一词,推断这首诗是戴良赠给戴思恭的。更何况,这首诗题目是“岁除示侄十六韵(时将游西浙)”,一个“侄”字,一个“西浙”,不是给戴思恭又是给谁?证据确凿豁然呀!

其实,戴良《岁除示侄十六韵(时将游西浙)》这首诗是这样写的:

> 客里光阴速,天涯道路长。漂流知几处,奔走已三霜。似汝年犹壮,如余老足伤。应惭谢氏父,徒忆阮家郎。识旷惟游衍,时艰可荐扬。第须依竹径,未用羡罗囊。卜卖严公术,医抄陆姓方。暇仍研史册,闲亦爱诗章。运至终超达,道穷姑退藏。晴窗开药笼,雨馆倚书床。苕水支支绿,淞云片片黄。客行随处是,旅食在身强。白首摧颓甚,青春奔迅将。频年同患难,此处莫凄凉。木德迎新节,条风换残阳。萍踪如可合,处困更何乡。

诗歌里的“医抄陆姓方”,指陆贽家的药方。陆贽(754—805年),唐文学家,字敬舆,嘉兴人,大历进士,后迁监察御史。他考校药方,撰《集验方》五十卷,擅骈文,尤长于奏疏,有《翰苑集》等。“苕水”,在今浙江省临安、安吉境内,确实是当今意义上的浙西。但据“晴窗开药笼,雨馆倚书床”一句来推断是戴良写给戴思恭的，这个论断有点武断。

其实，戴良有两个侄子，戴思恭和戴思温。而这首诗歌提到的侄子，不会是戴思恭。因为里面有一句是“频年同患难”，说这个侄子和戴良是这些年一起患难的，是随着戴良一同漂泊的，从感情上推断，应该是戴思温。还有一句诗歌，是“奔走已三霜”，戴良最艰苦的“奔走”三年（注意，此处写的不是“漂泊”三年，戴良的“漂泊”是在四明山地的最后十多年），是离开苏州北上投奔元代的那三年，时间为1366—1368年，这三年戴思恭为43—45岁，戴思温为31—34岁。联系本诗里句子“似汝年犹壮”，说戴思温正好。当时暨阳人倪公寿给戴思温写的《行状》状写戴思温的医术：“及挟术遍历吴越齐鲁，所在治疗剧症不可枚举，声称藉甚。”说明戴思温确实有过浙西游历的经历。而且，40多岁的戴思恭其时在苏州已经有一定的社会影响，看病诊金都要五两银子，无须戴良郑重其事地赠诗鼓励，从这方面来看，也应该是写给戴思温的。

另外，从其他两个人的诗文来观照和分析，我们得出的结论是：1366—1368年，戴思恭可能还在苏州。其中一文就是本书频繁引用的宋濂《送戴原礼还浦阳序》，这里不再赘述；还有就是刘基的《送医戴原礼归金华》这首诗歌：

岧岧金华山，上属匏瓜星；纡馀带江海，窈窕储仙灵。阴谷泉夏冽，阳鉴草冬荣；帝女降清夜，龙骞夹云軿。旭昱五色光，天葩播芳馨；初平剽元气，骑羊游玉京。宗公秉节钺，棱威憺边庭；吕子传圣学，出辞樊六经。陈生挟英才，雄辩摧五兵；至今文彦士，绵绵若连城。子兮抱奇术，为人驻危龄；运针号二竖，煮齐泣三彭。岁晚趣归装，日照千山明；涧阿足石芝，玉色味如饧。可以实肌肠，化骨为瑶琼；或可公餉否，相从翱紫清。

当时的宋濂和刘基，都被朱元璋邀请到明都南京。南京、镇江、常熟、苏州，这些可以说属于吴中也可以说属于浙西的地方，按照我们现今的地域来看，都在江苏南部，互相之间靠得很近。1367年，朱元璋任命刘基为太史院院使，专掌天文历数之事；1368年，朱元璋任命宋濂为《元史》总裁官，负责编写前朝历史。这两种官位，都是朝廷独有的大官。两人同一年为戴思恭写“赠序”，肯定不是一般行为，而是说明戴思恭已经得到皇家关注。根据传说，戴思恭在1374年被入驻太医院的诸暨名医石逵[①]推荐为太医院医官，但戴思恭推辞了。这一辞，戴思恭在浙西肯定不好待下去了，于是只能回到浙东。这一回来，戴思恭在浙西的行程大致结束了。按照前面的说法，戴思恭在34—41岁之间是悬壶吴中的话，那么他在吴中外的浙西行医大概又进行了十年。从实际情况来看，戴思恭其实应该是34—51岁在浙西，他在浙西共待了十八年之久(包括吴中的八年)。我们不知道这十八年里，戴思恭住在哪里。他的行踪，带着露水和尘埃消失在历史深处。

宋濂的《送戴原礼还浦阳序》和刘基的《送戴原礼归金华》，都写于1374年。这一年，戴思恭51岁。在古代，51岁也可算老了。也许，他这次回老家，带有养老的意思，想从此不再出远门。

当然他做不到。

戴思恭从浙西回到浙东，这十八年里，肯定不是一次两次，但他往往要经过萧山楼塔。在楼塔，他去见楼英。楼英治病有奇效，民间尊称楼英为“神仙太公”。

楼英出生于1332年，比戴思恭小8岁。楼英父楼友贤，尝与朱丹溪讲明《内经》之旨。楼英少即嗜书尚志，精勤不倦，早有所闻，专尚力行，于经史、天文、地理无所不习，而尤邃于医。1344年，年仅13岁的楼英见到了前来楼塔探视姑妈病情的21岁的戴思恭，两人一起交流了三个月，楼英甚佩服戴思恭，两人开始了亦师亦友的情谊。楼英敬佩戴思恭“才思敏捷，好学能文”的学识，尝“以兄事之，以师礼之”。1355年冬，戴思恭从浙西返家途经楼塔，就去见24岁的楼英。据《仙岩楼英宗谱》，楼英生有三子，即楼宗起、楼宗望[②]、楼宗明，而这一年楼宗望刚出生，戴思恭也许见过襁褓中的楼宗望。两人于萧山楼塔仙岩寺[③]近边的清燕楼切磋《素问》《难经》奥义，戴思恭对楼英医学之长进深为赞赏，

---

① 石逵，字良仁，诸暨人，明代医家。洪武年间受征召至京师，遇诸王有疾，诏视之，有效，自是遂以医显，后为太医院御医、院使。戴思恭甚推重之。

② 楼宗起生于1353年，楼宗望生于1355年。

③ 仙岩寺，由曹操手下大将许褚的后代隐士许询所建。

称赞楼英“敏而好学，后必有成”[1]，并启迪楼英著书立说之动机。

1377年，46岁时楼英以医名闻于朝廷。这一年，他受临淮(今安徽凤阳)丞孟恪的推荐，应召入宫，治愈了朱元璋的病，皇上赐仕太医他不就，因为楼英有一个宏愿需要完成，就是著书立说。在这段时间前后，楼英隐居仙岩洞，积三十余年的工夫，在1362—1396年撰成了《医学纲目》40卷。楼英历三十年而总结出“千变万化之病态，皆不出乎阴阳五行”之医学精论，并据此作为他临证治病的指导思想，终成一代名医。对楼英医道学识之长进，戴思恭则倍加赞赏，谓：“英阐经旨，发古义，登堂入室，非当日吴下阿蒙矣。”并集唐人“闭户著书多岁月(王维)，挥毫落纸如云烟(杜甫)”对联一副，以肯定楼英的医道医术。

在《医学纲目》中，楼英结合临床实践，根据“阴阳五行生化万物”之说，提出诊病“必先分别血气表里上下脏腑之分野，以知受病之所在；次察所病虚实寒热之邪以治之”的原则，施以理法方药或针灸治疗。该书特点是每论一症，先引历代有关论述，治法区分为正门与支门，取各家之长，体现同病异治的原则。楼英特意写了《中风》一章，描述了中风的症状：“卒中者，卒然不省人事，全如死尸，但气不绝，脉动如故，或脉无伦序，或乍大乍小，或微细不绝，而心胸暖者是也。”又说：“治中风自汗用桂枝汤；治伤寒无汗用麻黄汤，此仲景表散之法，百世不易者也。若元气暴亏者，以参芪与桂枝、麻黄等药表散，此丹溪补仲景之法，亦百世不易者也。”其实，当时很难真正区别中暑或其他因素导致的晕厥与卒中。所以，因为楼英，从明代开始，大家都使用“中风”这一名称。后人甚至根据症状缓急，又称病重的为“真中风”，缓的为“类中风”。这一点，理论上与意大利解剖学家乔瓦尼·莫尔加尼(1682年—1771年)提出的出血性卒中(Sanguinousapoplexy)和缺血性卒中(Serousapoplexy)理论一致。

明建文二年(1400年)，69岁的楼英病逝于萧山，戴思恭获悉楼英病逝噩耗，悲痛不已，给楼宗望复函致哀，称颂楼英“积学实行，宜铭诸石”。据说楼英临终前，托戴思恭收楼英之次子楼宗望为徒弟：“浦阳戴公原礼，吾友也，今为太医院史，受学丹溪朱公彦修。吾私淑丹溪之学者也，其道同，他日往质之。”戴思

① 关于楼英内容，见周明道《楼英研究》，中华全国中医学会浙江省绍兴市分会，1985年11月30日出版。

恭一直到次年才收到楼宗望的信,阅后回复楼宗望:“适瞿时忆,至得台翰。乃知先大夫于去年十一月十九日弃世,惊怛不能自已。不肖局官,又且道远,不及走慰,唯有东望流涕而已。且不肖与先大夫道谊之交,姻亲之好,一旦已矣,岂胜伤哉!切念先大夫积学实行,宜铭诸石,不肖当求文馆阁,以昭令德,以抒吾私,幸勿容易刻珉,故此奉复,伏冀附从礼制,以书大事。不具。”这是戴思恭不多见的文字资料,全文摘录自《仙岩楼氏宗谱》,让我们见到真情流露的戴思恭。

此后楼宗望师事戴思恭,徒步往见,一言契合,戴思恭悉以秘方授之,声誉益振。永乐初,成祖病,召楼宗望至京师,赐予甚厚。楼英墓葬在萧山楼塔镇乌珠荡山脚,至今保存完整,并且扩大为楼英陵园,于2015年5月开园。

楼英亡后五年,戴思恭亡于马剑。

戴思恭在浙西这些年的代表性医案(吴中的医案我们在前面已经叙述了),大都收录在宋濂《送戴原礼还浦阳序》一文里。

一则医案写到戴思恭的堂叔戴仲章:

> 六月患大热,面赤口谵语,身发红斑。他医投以大承气汤,而热愈极。原礼脉之,曰,左右手皆浮虚无力,非真热也。张子和云,当解表而勿攻里,此证似之,法当汗。遂用附子干姜人参白术为剂,烹液冷冻饮料之,大汗而愈。

另一医案则是:

> 留守卫吏[①]陆仲容之内子,病热,妄见神鬼。手足润动。他医用黄连清心汤,不中。原礼视之,曰:形瘦而色不泽,乃虚热耳。法当以李杲甘温除大热之法为治,即经所谓损者温之者也,服人参黄芪而安。

以上两则医案,都写了因其他医生误诊而久治不愈,而戴思恭药到病除,妙

① 卫吏,相当于现在军队里的连部文书。

手回春。

还有一则医案，居然写到诸暨人：

> 槠概方氏子妇，痁后多汗，呼媵人易衣不至，怒形于色，遂昏厥若死状。灌以苏合香丸而苏。自后闻人步之重，鸡犬之声，辄厥逆如初。原礼曰，脉虚甚，重取则散，是谓汗多亡阳，正合经意。以黄芪人参日补之，其惊渐减，至浃旬而安。

这里的"槠概"，就是诸暨。北宋时诸暨县令寇仲温《诸暨县记》里说："诸暨，槠概也，吴王阖闾弟夫概所封之地。"而且医案里的这位"方氏"很可能和宋濂读书过的白门书院的创办人方镃家族有关。厥逆的病症包括突然昏倒，不省人事，伴四肢逆冷(手冷可过肘，足冷可过膝)而能复苏为主要表现的一种疾病，以及因气机失常，气逆上冲所致的其他疾病。由脉象虚可以诊断为阳气虚，汗多亡阳，阳气不足，神气涣散，故厥逆，而以苏合香丸通之，以黄芪人参等温补阳气可解。

在这些医案里，可以看出戴思恭诊病不被表象所迷惑，辨脉精准，辨证之功，远在一般医生之上；正因为他善于辨证，故也善于施治，对症下药，效果奇佳。话说朱丹溪治病往往一帖见效，被誉为"朱一帖"，戴思恭也得老师真传，用药大胆精当，疑难杂症，常常数味草药，便手到病除。许多人以为戴思恭虽宗朱丹溪滋阴之说，却没有门户之见，择其善者而从。戴思恭并不因信奉老师的学说而排他，能在医疗实践中灵活吸收和综合运用刘完素、张从正、李杲等诸大家的理论成果，师众之长，加以融会贯通，真已经是大医风范。

6　荐为御医

一个人想干什么，不想干什么，或者说，去做一个自由人，其实是很困难的。

社会大环境控制着他，个人也有小目标需要实现。这时候，出现了抉择。怎么样抉择？一般人都是趋利避害。

利害关系这个原则，会影响一个人的抉择。

一入侯门深似海，何况皇家。

戴思恭本不想成为御医。但是，当时他名震朝野，如果不再加入御医行列，简直就是与朝廷对着干。无可奈何之下，戴思恭终于成为大明皇朝的一个御医。

《明史·方伎传》记载医生19人，御医仅5人，为戴思恭、盛寅、吴杰、许绅、凌云，尤以戴思恭为盛名。郑沂所撰《戴思恭行状》里记载："洪武甲寅（1374年），有知公者荐于朝，公以不循古方，退隐于家。"为什么戴思恭不愿意做御医？其实，在古代，很多有名的医生，都不愿意做御医。

名医不一定是御医，御医不一定是名医——在古代，这是一个几乎铁定的原则。比如明代学者谢肇淛《五杂俎》卷五中记载，汉代郭玉善医，且"疗贫贱厮养，必尽心力而疗治"，效果颇佳。但为"贵人"看病时，却常常不效。时人不解，甚至误认为他故意不给显贵们治好。由于当时郭玉医名日隆，这种"治贫不治贵"的咄咄怪事终于惊动了当时的皇上汉和帝，于是亲自过问郭玉其中原因。郭玉回答："贵者处尊高以临臣，臣怀怖惧以承之，其为疗也，有四难焉：自用意而不任臣，一难也；将身不谨，二难也；骨节不强，不能使药，三难也；好逸恶劳，四难矣。针有分寸，时有破漏，重以恐惧之心，臣意且犹不尽，何有于病哉？”由于回答理由充分，汉和帝就作罢了。

郭玉的回答里，正体现了御医的为难之处，首先在于医疗对象。做御医一要保密，二要疗效高，三是风险大。太医院的御医们为了保命，慢慢地形成了一个默契，即给皇帝、皇子及后妃们看病，开药方，不能用那种冒险的药，药方开得四平八稳，无论如何吃不死人，绝不敢用那些威猛但能治病的药，否则出了事儿，命将不保。由此看来，御医简直是个“高危职业”。所以，明代包括后来的清代宫廷，慢慢地形成俗话说的“几不称”，即：太医院的药方、翰林院的文章——都是没个性的、四平八稳不管用的形式主义。

明代太医院的功能比较复杂。它既是卫生部，又是总医院，还是医学院，当然更是皇家保健局。院使相当于院长，大体是司局级，院判相当于副院长，御医相当于主任医师，吏目相当于科主任，待遇不是很高，御医一个月二三两银子，稍低于知县。御医看似光鲜，其实在明代官僚体系中并不是一个很高的职位，俸禄也非常微薄，明初甚至出现大量御医逃逸的现象。戴思恭去世二十年后，大约明宣德二年(1427 年)，御医贺祥等上奏，称在京年久，僦屋而居，贫穷无以赡养家室，乞如天文生例给月粮，朝廷才决定支给太医院御医月粮，有家室者，月支米五斗。这说明当时下层御医生活十分困难，简直到了难以为继的地步。我们根据资料，制作了一张“明代御医品级与俸禄表”①，以直观展示。如表 6-1 所示：

表 6-1 明代御医品级与俸禄表

官名	品级	俸禄
太医院院使	正五品	月给米 16 石
太医院院判	正六品	月给米 10 石
太医院御医	正八品	月给米 6 石 5 斗
各王府良医(正)	正八品	月给米 6 石 5 斗
各王府良医(副)	从八品	月给米 6 石
太医院吏目	从九品	月给米 5 石

① 本表资料来自《明史》卷 74《官职三 · 太医院》，以及《大明会典 · 太医院》。

续 表

官　名	品　级	俸　　禄
各府医学正科	从九品	月给米 5 石
惠民药局大使	未入流	月给米若干
各府医学典科	未入流	不给禄
各府医学训科	未入流	不给禄

看起来等级很明显。可是据明代万历年《宛署杂谈》、清代康熙年《明史》记载，明代米价在洪武二十八年(1395 年)以后基本上一两银子可以购大米二石。《明史·食货二》:“于是户部定:钞一锭，折米一石;金一两，十石;银一两，二石。”明代一石约等于现在的 94.4kg。按大米价均价 1.75 元/斤计算，一两白银是 660.8 元。从米价来看，像太医院吏目的俸禄相当于现在的 2000 元。我们应该还记得，戴思恭当时在吴中看病，一次诊金是五两银子，而御医一个月才这么一点钱，这是一点也没有诱惑力的。

明代从洪武六年(1373 年)开始设置御医。御医选配主要有两个途径，即考试或者推荐，而考试有着严格的程序。戴思恭无疑属于因人推荐而受征召的，而且因为看好了皇族的病，直接辟为御医。戴思恭当时大有医名，推荐人应该比较熟悉戴思恭本人，包括对戴思恭的医道医术都比较清楚。据说，戴思恭在 1374 年被推荐为太医院御医，推荐者是早于戴思恭入驻太医院的诸暨名医石逵，但是戴思恭马上推辞了，理由很古怪，居然是“不循古方”。于是就有了刘基的《送戴原礼归金华》和宋濂《送戴原礼还浦阳序》一诗一文。宋濂《送戴原礼还浦阳序》说得比较清楚:“或欲荐为御医，辞不就，遂赋诗以饯其东还，且请余为序。”我们现在找不到戴思恭自己的这首赋诗。

戴思恭自己说当御医二十年，那是从为皇家服务开始的。如翰林学士董伦[①]说:戴思恭“自被征入京，历事三朝，阅岁二纪”。但我认为他实际上早就为

① 董伦，字安常，东昌恩县人，世居燕之宛平，主持编纂了《太祖实录》。

皇家服务，所以是三十年。资政大夫、吏部尚书蹇义[①]《送太医院使戴公南还诗序》里转引了戴思恭的话："臣职司医典。于兹廿年，惟阶(疑为'陛'字——笔者注)下哀怜，不遗一介之臣，俾未陨越于沟壑，获遂其首邱(疑为'丘'——笔者注)之私。"戴思恭1403年乞归，说"于兹廿年"是指"职司医典"。但实际上戴思恭进入太医院是1392年，按照这个时间点算起，他"职司医典"才短短十年时间呢。所以，戴思恭说的"职司医典"，不是指获得皇家职位，而是指为皇家服务(戴思恭可能是从1386年去北京给燕王治病算起的)，确实此前十多年戴思恭已经为皇家和权臣服务了。但我认为，应该从戴思恭进入皇家视野由人推荐为御医的1374年这个时间开始，不过一开始是"准御医"，1392年才是"御医"，乃至1398年提拔为"太医院院使"。

戴思恭在浙西(包括吴中)的医案，我们在前面文字里已经列举过一些。其实戴思恭已经进入皇家视野，帝王家早就看上戴思恭，他即使逃到马剑躲起来，马剑依然是大明王朝的天下，朝廷随时可以找到他。我们首先要解释清楚的是，戴思恭何时入驻太医院。都察院都御史、天台人卢原质[②]在《韩王书"肃斋"二大字铭并序》里说："洪武中以名入太医院为御医。"任国子监祭酒[③]的临汀人张显宗《肃斋赞》里说得更具体一些："受知太祖高皇帝，起之于金华山中授御医之职。"说明皇家遇到了连御医们都难以解决的难题。结合刚才两则资料，洪武年是1368年开始的，邀请戴思恭成为御医肯定在此之后，1374年也可以算是"洪武中"，但戴思恭又推辞了，所以不能算"为御医"。此后一段时间，帝王家有病，也邀请戴思恭前往，但还不算是正式的御医。正式成为御医，应该在太子看病以后，时间为1392年，那一年戴思恭69岁。

那么，帝王家遇到了哪些连御医都束手无策的难题呢？据说第一个难题和马皇后有关。

---

① 蹇义，字宜之，巴人，初名王容。洪武十八年(1385)中进士，被授予中书舍人。历仕明太祖、建文帝、明成祖、明仁宗、明宣宗、明英宗，六朝重臣，官至吏部尚书。

② 卢原质，浙江宁海田洋芦人。洪武二十一年(1388)举进士，廷试名列第三，授翰林院编修，以文章超群，深为朱元璋所宠爱。和方孝孺是表兄弟，及朱棣称帝，与弟原朴皆以方孝孺案而论死。

③ 该官职基本隶属于朝廷最高学府国子监。主要任务是掌大学之法与教学考试。

明太祖时，皇后马秀英生骑马痈，朱元璋请戴思恭去给她医治。骑马痈，即悬痈，指生于会阴部位的痈。此处组织疏松，又容易污染，所以不易愈合而形成疮漏。多因情志郁结，三阴亏损，湿热壅滞而发。古时给财主小姐切脉都有许多忌讳，何况一国之后，更是生在下身的骑马痈呢？但戴思恭别出心裁，巧妙地使用特制椅子，撒药粉求印影的办法，来诊断病情，然后削一把篾刀，藏于起消炎止痛作用的药粉之下，再请皇后用力坐于药粉上，痈破药亦敷上，既避过不便，又使皇后无术前紧张，也无术后痛苦，一切进行得自然轻松，令人赞叹不已。

平常疮痈之类，对御医也许就是纤芥之疾，治疗上没什么难度可言，因为人物特殊、部位特殊，不允许医者用常法治之，所以治疗也需特殊，心思机巧的戴思恭马上想到了家乡马剑漫山遍野的毛竹，于是便有了以竹签为刀刺痈疗病的创举。

这一医案乃马剑民间传说，事关私密，上不得正史，故只能付之逸闻。只是不载于正史，不知具体时间。马皇后于洪武十五年(1382 年)农历八月病逝，享年仅仅 51 岁。而戴思恭是十年后的 1392 年才入驻太医院，所以此例很可能不真实。朱丹溪号称“朱一帖”，不敢说戴思恭青出于蓝，但也应该是手到病除。

曹昌所写的戴思恭《墓志铭》里，说：“壬申(1392 年)夏，懿文太子不豫，天下名医毕至，犹豫未决。及公入见，曰：‘太子疾革[①]矣，非药石所及。’高皇徐曰：‘然非汝莫能。’言者已而告薨。”“高皇徐曰”意思是“太祖朱元璋慢慢地说”，说明朱元璋在压抑着悲痛十分理智地说。在此前后，明太祖各皇子的疾病，也都喜欢由戴思恭来解决。《明史》详细记载了燕王朱棣的事情：

> 燕王患瘕，太祖遣思恭往治，见他医所用药良是，念何以不效，乃问王何嗜。曰：“嗜生芹。”思恭曰：“得之矣。”投一剂，夜暴下，皆细蝗也。

① 疾革，指病势危急。语出《礼记·檀弓上》：“夫子之病革矣。”

瘕，古代一种疾病，用现代医学来说就是肚子里有寄生虫。对此，《国朝献征录》[1]记载了具体时间："洪武丙寅（1386 年）三月，皇上龙潜[2]北京，尝患瘕聚，遣使召公治疗，刻日奏功。"当时 27 岁的燕王就是以后的明成祖，当时驻扎在北京，让戴思恭赶紧奔赴北京医治。从南方到北京，路上起码一个月。看来燕王为此有多难受。而戴思恭药到病除。此事也许就发生在马皇后治病之后几年。

有人对此做出的解释是："早在洪武年间，朱棣尚为燕王时，因患症瘕之疾，燕王府良医正韩彝久治不愈。太祖朱元璋就派戴思恭前往北京诊治。戴思恭先询问了韩彝所用的药方。"现在我们根据常识推断，很可能不会是朱元璋派遣的，因为当时戴思恭并未在太医院任职。

关于这一点，《苏州府志》"韩彝"条也记载了一件事，我们摘录如下："上患腹痛，彝奏曰：圣体所患，须用雷丸、大黄、木香等剂，服之，下虫六十二条。盖彝知上嗜水芹，善生虫，积久成此病。愈，赐裘马，复赐第大明门内。"这个故事和戴思恭为朱棣看病的事迹如出一辙，都是因为朱棣爱吃生芹，得了寄生虫病。是否存在张冠李戴？不过梳理一下时间顺序，就可以知道这两位御医的事迹并不矛盾。

韩彝，字公达，洪武间（1368—1398 年）任府医学正科，后授御医，复升太医院院判。当时韩彝的医术还比较低微。他是靠堂兄韩奭推荐步入太医院大门的。韩奭是当时吴中名医韩冲之子，承家传，又从学于堂兄韩奕，乃精医术。永乐初任燕府良医正，从成祖征战，升院判、院使。名气与戴思恭相当。后随驾北巡，卒于京。说明当时一路跟随燕王（后为明成祖）的是韩奭。于是戴思恭、韩奭、韩彝三个人的事情可以梳理出来了。

洪武十九年（1386 年）前，给朱棣看病的是韩彝的堂兄韩奭，怎么治都治不好，所以才在洪武十九年请了戴思恭去北京。戴思恭仔细询问燕王平日爱吃什么，对曰爱吃生芹，才对症下药。后来朱棣在洪武十九年被戴思恭治好后，还不思悔改一直在吃生芹，直到永乐年间，依然受寄生虫病困扰。而韩彝当御医已经是永乐初年（1403 年）了，离戴思恭给朱棣治病已经快有二十年时间。所以韩

---

① 《国朝献征录》，明代焦竑（1540 年—1620 年）撰，明代人物传记资料选编，共一百二十卷。

② 龙潜，指帝王未接位。

彝看到朱棣的病症后，因为已经知道是朱棣爱吃生芹引起的病症，也联想到戴思恭曾经的处方，所以直接开药方，药到病除。于是就有了百度百科记载的资料，说“明成祖朱棣嗜食水芹患病，韩彝诊为虫积腹痛，治用雷丸、大黄、木香等药，辄取效。”

还有人将朱棣误认为是朱元璋，这是没有注意到“上”（即皇上）指的是哪一位。如《中国宫廷文化大辞典》就犯了这种错误：“洪武十九年（1386 年）三月，明太祖患瘕聚，遣使召诊视，立效。授太医院御医。后治效卓著，颇受太祖重视。”这一段文字显见有两个毛病，一是治疗对象应该是朱棣，二是当时戴思恭未“授太医院御医”。其实在郑沂所撰《戴思恭行状》里说得很清楚：“岁丙寅（1386 年）三月二十九日，圣体疲聚，以名臣荐知，上赐礼币褚级，遣典宝吴尉等差驾坐船征召，入见即奏奇功，赐以金帛鞍马。上曰：我日当分膳与卿，选拔良子弟袁宝、王彬从学焉。”郑沂写这篇文章是 1406 年，那时的皇上就是朱棣，难道郑沂不称朱棣为“圣体”而称为“燕王”吗？而且如果是朱元璋的话，也不会写“丙寅三月二十九日”而必须写“洪武十九年（1386 年）三月”了。

特别要指出的是，1993 年版的《诸暨县志》“戴思恭”条也将此事误写为“朱元璋”，现根据本人的考证，应予订正。

朱棣为何如此爱吃生芹菜？可能有种种说法，我这里提供一种猜想。按照古代一些医书，芹菜有壮阳作用。如宋代编印的、广泛流传的《证类本草》里说：“味甘，平，无毒……止血，养精，保血脉，益气，令人肥健，嗜食。”而据吴晗主编的《朝鲜李朝实录中的中国史料》（上编）卷四里说，朱棣犯有阳痿。史书记载，朱棣有四子五女，全部出生在洪武十九年（1386）之前，也就是他 27 岁患那场所谓“瘕病”的大病之前，这也许是朱棣一生的“痛”。永乐十八年（1420 年），因宫女和宦官“对食①”，朱棣大开杀戒，一位河北籍宫女受刑时斥骂朱棣：“你年老阳衰，我们宫人与宦者相悦，又有何罪！”这可能暴露出朱棣一而再地吃生芹菜的真实目的。

寄生虫差点要了朱棣的命，也差点改变历史，戴思恭妙手回春救了他。于是朱棣和戴思恭的这一次见面，无疑给朱棣留下深刻而美好的印象。他动情地

① 对食，原意是搭伙共食的意思。

说:“我日当分膳与卿。”(见郑沂撰的《戴思恭行状》)十七年以后,当朱棣经历种种艰难困苦夺得权位,他处理了很多人,依旧留下戴思恭,并且在戴思恭年老致仕时,还满怀深情地吩咐说:“汝其慎行,朕后召,汝其复来。”戴思恭也动情地回答:“臣回,不死,新春朝拜圣颜。”

其他皇子皇妃闻名而来。朱元璋的儿子,很多是在年富力强的时候就去世了,不一定和朱元璋的家族基因有关(朱元璋也活了 70 多岁),可能和这些子女出生时正是朱元璋事业上升期有关,戎马生涯,极不安定,因此子女身心在怀孕时就受到影响。有的虽然没有去世,但也大多年纪轻轻就身患多种疾病。太子朱标自幼体弱,先天不足,早于朱元璋六年(1392 年,即洪武二十五年)病故,年仅 38 岁;二儿子秦王朱樉也只活了 30 岁(1356—1395 年),他勇敢善战,洮州打仗受伤,因病而死;三儿子晋王朱棡(1358—1398 年)为巩固明代边疆做出很大贡献,深受朱元璋喜爱,但是也不过活了 41 岁。《明太祖实录》记载,二月己未晋王朱棡的死亡:“受学于翰林学士宋濂,学书于录事杜还(即杜环),眉目修耸,美须髯,顾盼有威容,多智数,至是以疾薨,上哀恸辍朝三日。”《明史》记载:

> 晋王疾,思恭疗之愈。已,复发,即卒。太祖怒,逮治王府诸医。思恭从容进曰:“臣前奉命视王疾,启王曰:‘今即愈,但毒在膏肓,恐复作不可疗也。’今果然矣。”诸医由是免死。

《明史·卷一百十六·列传第四》载:“晋恭王棡,太祖第三子也。学文于宋濂,学书于杜环。”明太祖除太子朱标外,最看重三子晋王朱棡和四子燕王朱棣。王汝玉在《戴思恭墓志铭》中也记载了朱棡这件事,他如此描述:“晋府亲王遘末疾,亦迎致公,随获异验;厥后晋府讣闻,高皇帝冯怒,王国臣僚悉逮赴京。时公侍左右,从容进曰,昔者臣尝受知于王,饮臣之药数矣,然窃虑其膏粱之毒复作也。今乃果然。上于是释然改容,诸臣咸得不坐。”

几则资料,说的都是洪武十九年(1386 年)朱元璋的三儿子晋王朱棡生病,晋王府的医生们尽心尽力治疗,效果不大,最后请当时还不愿做御医的戴思恭治好。但是,过了十年,朱棡还是死了。朱棡死于 1398 年,当时戴思恭已经入太医院成为御医了。朱元璋非常生气，下令将晋王府的医生们全抓起来。戴思恭奏道："万岁，晋王上一次生病，您派臣去诊治，当时臣开了一服药，治好了晋王的病。但是臣当时向您奏报说：晋王的病是病在膏肓，如果下次复发，就没法治了，臣也回天乏术，请您嘱咐晋王生活起居多加注意，谨慎延年。所以，这一次王爷因病复发，不是晋王府的医生们没治好，没尽心尽力，请您明察。"朱元璋听了，就释放了那些医生。

这里表面看是朱元璋和戴思恭的关系，其实还有一件事隐藏在历史深处，那就是戴氏家族与朱氏家族的关系。戴氏家族里，有好些人在朱家做医官，但也有一位绝不合作的低调大文豪，那就是戴思恭的叔叔戴良。1383 年，戴良被明代征召后不明不白去世，传言说是被朱家抓后在监狱庾毙的。但戴思恭根本没有计较这些，依旧忠诚服务于朱家，实事求是，勤勉庄重，做一个专业的医生，不掺和医学之外的事情，从而获得朱家的一致认可，给朱家留下良好印象。比如还有一件事，和皇妃有关。有记载，有妃嗜烧酒，常感腹部剧痛。戴思恭为她治好后，说："十年必复发，发不可治。"十年后，这个妃子果然因腹痛而死。

确实，医生不是万能的。但对皇家来说，凭权势可能会迁怒于御医，对御医生杀予夺。御医的内心挣扎纠结，甚于常人。这恐怕是戴思恭不愿成为御医的最大原因。

虽然戴思恭暂时不进入御医队伍，但是戴家依然有人进入了帝王家，成为王府良医正或良医副，这也是御医。

1386 年戴思恭治愈燕王瘕聚后，晋王以疾召，随获神验，重沐赐赉。这一年，召戴思恭长子戴宗儒至晋王府。同时，燕王命袁宝、王彬①从戴思恭学。

1389 年，戴思恭弟戴思温到北京给燕王治病，入侍三年。1392 年，戴思温自北京返路上卒。这件事，记录在戴宗侗给母亲的《圹志》"洪武二十二年(1389 年)春，上在藩邸②，以知者荐，遣使征至。入见，赏赐优渥，留侍昕夕，保和圣

① 袁宝，字士珍，蕲州人，曾任燕府良医、太医院判，因屡建功勋，死后赠太医院使，谥襄敏公。王彬，曾任燕府良医、太医院判，80 岁致仕时，明英宗曰："彬老于医术，非他职可比，仍留视事。"

② 藩邸，指藩王之宅第，当时燕王宅邸在北京。

躬。"倪公寿给戴思温《行状》,有戴思温北京生活的细节:"暇日则有姚公广孝、袁公廷玉、藩府教授童公中州,相与游览厅胜,唱酬为乐。"

资料里提到的三个人,都非凡辈。姚广孝(1335—1418年),政治家、佛学家、文学家,幼名天僖,法名道衍,字斯道,长洲(今江苏苏州)人,靖难之役的主要策划者,一手规划今日北京城布局,中国历史上最著名的黑衣宰相。在悬壶吴中的章节里,我们提到王宾和他有交情。袁珙(1335—1410年),相术奇人,字廷玉,号柳庄居士,鄞(今浙江宁波)人,准确预测朱棣、姚广孝等人的来日境况,著有《柳庄相法》,为今相术重要工具书。童冀(约公元1361年前后在世),文学家,尝与宋濂、张羽、姚广孝相唱和,洪武九年(1376年)征入书馆,又为湖州府教授,后调北平。

戴思温在北京待了三年多。戴宗侗给母亲的《圹记》里说:"居三载余,命驰传还乡祀祖。濒行,仍赐衣帽楮镪[①]。由都至中州,感暴疾不起。"郑楷《墓志铭》:"公请归祀,乘传(注:疑有讹,应为'船')至东阿,病卒旅馆。"所谓"还乡祀祖",根据戴氏年谱查考,应该不是给父母亲做阴寿,那很可能是马剑特有的过小年的风俗,马剑过两次年,一次是除夕,一次是年中,一般在六月,叫"过小年",所以戴思温必须在六月之前赶到马剑。倪公寿给戴思温《行状》,紧接上文的细节是:"语其从行二侄仙传曰:我病革矣,非药石所可治。"看起来当时戴思温并非孤身北上,而是带了两个远房侄子,名叫戴仙和戴传。1392年5月20日,戴思温卒于东阿的一个旅馆里。

儿子和兄弟都成了御医,极有可能是因为戴思恭推荐。在戴思恭自己成为御医之前,也许这是一种变通的法子——相当于绑架……

---

① 楮镪,指祭供时焚化用的纸钱。

7　太医院使

如果不是最高领袖朱元璋发话，戴思恭肯定不会加入太医院。

从诸暨人石逵推荐他加入太医院，直到过了快二十年，戴思恭才成为皇家御医。那一年，他已经是69岁了。

过了六年，他成为太医院院使，也就是太医院的最高领导。那一年，朱元璋去世，建文帝登场。建文帝登场后针对太医院的第一件事，不是杀了戴思恭，而是立马提拔戴思恭，担任太医院院使。

又过了五年，永乐大帝朱棣登场，戴思恭年老乞归，恩准。但原因也不是和帝王有间隙，相反，80岁的戴思恭和44岁的永乐大帝相处得甚是和谐，玩笑开得几乎不分君臣。

回顾这一遭御医生涯，不知戴思恭会发出何种感慨。我猜想，在回到马剑的那最后几年里，他一定是寂寞的：后半生的皇家御医生涯，和谁去诉说呢？

我悬揣：如果戴思恭不加入御医行列，他的名声也不会比现在更黯淡，甚至会比现在更鲜亮也说不定。

因为医家之所以成为医家，在于他的医道、医术、医方……能够在民间广泛流传。而戴思恭在后半生的三十多年里，只能那么小心谨慎，不敢大胆探求。所以，他才只留下《推求师意》之类的医学作品。

——戴思恭走了一条不一样的路，真是遗憾！

洪武二十五年壬申（1392年），戴思恭已经是69岁的老人了。朱元璋一声令下，戴思恭立马抵达南京。这一回，他再也推辞不得，因为太子病了。

卢原质写得比较详细："洪武中，东宫殿下不豫，太祖高皇帝忧之，询求天下名为方者，或以公名言，上召见劳问，即遣视疾。时东宫疾已侵，公知无可为者，屡以为言。后至大渐，群医不言者多坐罪。而公独以先言获褒宠，拜太医院使，辞不敢当，乃授御医，帝以其诚笃，甚眷重之，特免其朝。"朱元璋说戴思恭是"仁人"，也许出于这个原因。

太子的病因，可能藏在焦竑《国朝献征录・懿文太子传》记载的一件事里："二十四年（1391 年）八月，敕太子巡抚陕西，上意欲都陕西，遣太子相宅也……方渡江，天道赫然有变，雷起东南，尔征西北，以造化言之，雷天威也，尔前行，雷后从，威震之兆也……尔其慎之。比还，献陕西图，遂病。病中，上言经略建都事。"当时朱元璋想定都西安，于是派遣太子先去陕西考察。《明太祖实录》记载，洪武二十四年，整个上半年下了四个月的雨。所以太子去的时候天气依旧恶劣，雷雨大作，夏天天气闷热，外界的湿热、旅途的奔波，加上本身虚胖，终于使得太子朱标染病。

戴思恭一帖药下，太子状况有所缓和。第二年，太子去世，这对朱元璋的打击是巨大的。焦竑《国朝献征录・懿文太子传》记载："二十五年（1392 年）四月丙子，卒。上恸哭，命礼官议丧礼。戊寅，上御东角门，召谕廷臣，吾老矣，太子不幸，命也。大哭而退。既公除，上不忍，礼官请之，始鸣钟鼓朝京，耆老上香恸哭，上亦哭……"短短两三行字里，不断出现一个"哭"字，描述朱元璋不可抑制的悲痛。

不知道朱元璋对戴思恭说过什么，也不知道当时戴思恭的内心如何。但我们知道，从此之后，戴思恭就成为太医院的御医了。都察院都御史、天台卢原质在《韩王书"肃斋"二大字铭并序》里写道："洪武中以名入太医院为御医。"而国子监祭酒临汀张显宗在《肃斋赞》一文里写道："受知太祖高皇帝，起之于金华山中授御医之职。"而此前十多年，戴思恭都有机会加入而不加入，现在终于加入了。

明代太医院由此开始了"戴思恭时代"。

医家也有医治不了的疾病。《浦江光绪县志稿》所载：

洪武三十一年(1398年)五月，明太祖朱元璋得重症，因太医诊治无效，即把医官尽行投于监狱，独召原礼到床边慰抚道："你是仁义之人，没有你的事，不要怕。"

《明史》则记录：

太祖不豫，少间，出御右顺门，治诸医侍疾无状者，独慰思恭曰："汝仁义人也，毋恐。"

朱元璋老了，病了，召太医看病，下令：太医再开那种不见效的药方，统统下狱问罪！太医院接旨，一阵慌乱。朱元璋唯独将戴思恭召到跟前，温语劝慰："你不要害怕，朕说的那些狠话是针对他们的，不是针对你，你不要有压力。"朱元璋很清楚：医生心里有压力，绝对不能看病。他用这种方式，给戴思恭减压。可是，尽管戴思恭给朱元璋尽力治疗，朱元璋的病还是没被治好，五月二十四日就病逝了。

继位的皇太孙朱允炆非常生气，将太医院的医生全部抓起来问罪，因为有朱元璋对戴思恭的安慰之语，所以唯独戴思恭得以幸免。

这个世界是如此动荡不安。戴思恭75岁了，像风雨中悬挂的最后的叶片，在摇晃。

朱元璋去世之前，一度想立朱棣为皇帝，但是一些大臣惧怕国家动荡，就劝告朱元璋放弃这个念头。《大明太宗文皇帝实录》卷一记载："四月丙子，太子薨，太祖愈属意于上。一日，召侍臣，密语之曰：'太子薨，长孙弱不更事，主器必得人。朕欲建燕王为储贰，以承天下之重，庶几宗社有托。'翰林学士刘三吾曰：'立燕王，置秦、晋二王于何地？且皇孙年长，可继承矣。'"历史就这么阴差阳错地发展下去，最后还是避免不了一场自相残杀的战争。

朱元璋去世的一个月后，戴思恭收到了远在北京的燕王朱棣的信。燕王本来想赶到南京奔丧，也有可能借此机会有所动作。但朱元璋老谋深算，预先策划一道命令，在藩的王子一律原地待命，不必返京。燕王刚出门就回到藩地，他巧妙地给戴思恭一封信。信是这样写的：

> 燕王书说与老戴院使知道，我左臂麻痛细了，左腿酸软，不能步履。韩公茂用药，今夏颇得病势不增，亦不见减，欲擢为良医正，未奏闻不敢擅专，如蒙圣恩准奏，汝可制妙方，授公茂速来，使吾疾痊愈。数年前吾病甚剧，赖汝医好。二三年前，又苦腰痛，针药不效，服汝所制'滋阴丸'好了。今我年已四旬，旧疾屡发，从去年来，又添前证，渐觉滋甚，目下稍定，非良药不可，故此致意，千万用心。洪武三十一年六月初四日，燕君图书。

"数年前吾病甚剧，赖汝医好"，就是指发生在1386年的"燕王患瘕"一事，距今已经十三年了，燕王还记得这么清楚。韩公茂就是韩奭，水平不如戴思恭，戴思恭无法离境，但韩公茂可以带着戴思恭的药方到北京。燕王只有40岁上下，却"左臂麻痛""左腿酸软""腰痛"，毛病不少，他自己也感到必须医治，内心是迫切的。里面对戴思恭的态度是谦卑的，这也许和当时政治形势有关。燕王想用这封信打探京城动向。里面提到的"滋阴丸"，是一剂中药方剂，由黄连、黄柏、知母等中药配制，主要用于夏热厥逆。

天气炎热，而政治气氛更加紧张。不知道戴思恭给燕王有怎样的答复，燕王满意否？

在《明史》关于大相师袁珙传记里看到一段话："己卯（1399年）七月，（袁珙）至淮安，而靖难[1]起事矣。至家……按察佥事唐泰械赴京师，诏宥之，惟令太医院使戴原礼取相书以进。壬午（1402年）六月，太宗（指朱棣）登极，命千户张勇、典膳徐福，驰驿召之。"说明在靖难之变中，戴思恭也是接近和帮助过朱棣的。

但是确凿无疑的一点是，在1398年，新上任的建文帝朱允炆对戴思恭很满意。朱允炆也许是看在朱元璋对戴思恭的尊重上，据翰林待制王绅[2]的赠文说：

---

[1] 靖难之变，是建文元年（1399年）到建文四年（1402年）明代统治阶级内部争夺帝位的战争。

[2] 王绅（1360年—1400年），字仲缙，义乌凤林乡（今尚阳乡）来山村人。是同知制诰兼国史院编修王祎之次子，宋濂弟子。

“洪武中，高皇帝闻之，征之除御医，出入禁闱五六年，侪辈屡以罪去，公独蒙眷注。见公高时，或免其朝诣见，且命其僚友扶掖其登降。”朱元璋对戴思恭可谓开恩，下一代遵照前代主意，加上处理了很多太医，太医院实在缺人，只能让戴思恭上任了。于是，朱允炆处理了一些庸医，但独独提拔戴思恭做了太医院院使。

唯一的解释，只能是朝廷少不了这位技术型人才，皇室少不了这位技术型人才，尤其是，帝王少不了这位技术型人才。

就在戴思恭担任太医院院使之前，或他成为御医之后，就已经多次接到朱元璋的“死命令”，必须将某人救活，否则唯你是问！

一次是记录在明人王鏊《震泽纪闻》一书里的事情：“尚书严震直病（据《明太祖实录》写作‘正直’）。上语原礼，曰：好治之，不愈，且抵罪。应手而愈。”尚书严震直病重，太祖朱元璋令戴思恭为他好好治之，并传谕说，医死必须偿命。结果一剂而愈，震惊朝野，轰动一时。严震直（1344 年—1402 年），名子敏，字震直，因明成祖曾呼其字，遂以字为名，乌程（今浙江吴兴织里镇骥村人）人。洪武年间，以家道厚富被选为粮长，每年按时征田粮万石至京都，为明太祖所赏识。洪武二十三年（1390 年），特授通政司参议，改任户部郎中，再迁工部侍郎，洪武三十年（1397 年）八月己丑，以右都御史严震直为工部尚书。当时正值朝廷大兴土木，集全国工匠二十余万户在京师。严震直认为此举不妥，要用役工可轮番召用，无须举家集于京城，于是建议皇上改为每户抽一人服役，编好姓名、行业，平日在家劳作，有役按籍轮番召用，此举深受服役者称道，故严震直为朱元璋所倚重。我推测戴思恭为严震直治病的时间为 1393 年。从朱元璋的语气来看，当时国家百废待兴，迫切需要严震直的手腕来治理，所以他说出如此斩截的话语。

一次是 1391 年初夏，戴思恭 68 岁那年。当时后军都督府佥事沐春要姑苏名家曾燨①写一篇《沐府赠文》，里面记载了这件事：“今年春，后军都督沐公母夫

---

① 曾燨（1346 年—1408 年），字日章，吴江（今江苏吴江市）人，洪武年间，担任翰林院侍读，参与修《永乐大典》，后跟随张辅等讨交趾。

人膺湿痹之疾甚，至手足艰于举止。公之严君[①]西平侯总戎云南。弟晟往省，而母夫人汤药之奉，独拳拳于其心。”说沐晟回老家凤阳省亲，看到母亲犯病，于是邀请戴思恭医治。这一次很可能是戴思恭直接到凤阳，并且住了一段时间，《沐府赠文》里提到：“归乃驾舟车，致书币，不远千里，以迎先生。”戴思恭诊治的结果是：“湿热所化，痰注经络；观其形气足，六脉洪实，法在可治。”戴思恭“投以汤剂，继以艾火，不阅月而良愈”。这是一个具体的医案，因为不是出于专门医书而被很多医家忽略，建议可以补充。

湿痹，按照现代医学来说，大致指风湿病。戴思恭对此病有清晰的认识，《证治要诀》里认为湿痹有四种：一种是“伤湿兼风寒者”，宜防己黄芪汤、五痹汤等；一种是“筋骨疼者，俗呼为痛风；或痛而游走无定，俗呼为走注风”，并宜乌药顺气散，和煎复元通气散，咽地仙丹或青龙丸等；一种是“遍身骨节疼痛，昼静夜剧，如虎之啮，名曰白虎历节风”，并宜加减地仙丹，或青龙丸、乳香丸等；一种是“于寤牖间梳洗，卒然如中风，呼为檐风”，宜败毒散等。对此，就要对症下药，如《推求师意》里所言：“故制方须宜分别药之轻重缓急，适当其所，庶得经意。”除了吃药，还需要采用火疗之法辅助，增强药物温热之性。最终戴思恭汤火并用，治愈了沐公之母的湿痹。这里提到的“沐公”，即沐晟，沐晟之父是大名鼎鼎的木英。沐英八岁时被朱元璋收为养子，屡立战功，洪武十六年（1383 年）以平西侯分封云南，后晋为黔国公，沐氏家族成员卒后，都会不远万里归葬南京。而当时沐英长子沐春（1363—1398 年）担任“后军都督府佥事”，所以一般称“后军都督府佥事”。沐春少年有成，《明太祖实录》记载：洪武十八年（1385 年）十一月庚午“以西平侯沐英子春为后军都督府佥事”。沐晟是沐英次子、沐春二弟，少年时代就受到了明太祖朱元璋的喜爱，后来官任后军左都督。明代大都督府是中军都督府、左军都督府、右军都督府、前军都督府、后军都督府五都督府的总称，统领全国军队的最高军事机构。而后军都督府，为明代五军都督府之一，是明代的军队管理机构与军事行政区划单位，属于实权机构。当时这位“沐公之母”就是沐英之妻，沐春、沐晟之母。

不仅皇室要用到戴思恭的医术，实权人物也很喜欢邀请戴思恭，实在邀请

① 严君，父母之称或者指父亲。

不到，就动用跟朱元璋的关系"硬性指定"戴思恭。当然，由此看来，名医戴思恭也许成为朱元璋手里平衡权力关系的一张名片。而戴思恭并未借此游走宫廷权贵之间，只做自己的本职工作——御医，仅仅治病而已，绝不介入政治生活——怪不得朱元璋要称赞他"仁义"了。

戴思恭成为太医院院使以后，提拔了很多有实际医疗水平的专家。他离开京城后的几代太医院院使，都是自己培养和拔擢的，而这些人的医学根底，基本和戴思恭分不开。如蒋武生、韩公茂、袁宝等人。

比如蒋武生。《仪真县志》记载："蒋武生，字用文，少读书过目成诵，六岁，有赠里师万年松者，赋诗曰：使者来西岳，采松云万年。佳名虽自好，何不长参天？师惊喜曰：是儿已见不凡。随父任，公暇必质所业，闻说无疑问。父奇之曰：吾有嗣矣。父殁，乃习医，会同黜异，得其要而综之。决死生，定缓急，治效无一弗中。当路荐入太医院。时戴原礼为院使，擅其业，人靡有当意者，及见用文，喜曰：君儒而为医，吾道昌矣。遂言于上，授御医。太宗御极，用文屡承眷顾。会车驾北巡，仁宗以东宫监国，用文侍上前随事献规。上尝问保和之要，用文对曰：在养正气。正气完则邪气无自而入。又问：御医效率缓何也？用文对曰：善治者必固本，急之恐伤其塬。上皆称善。永乐间，迁承直郎太医院判。丙申，考绩最，升承德郎。"《历世圣贤名医姓氏》则记载了戴思恭与蒋用文见面的场景："洪武中征（戴思恭）为太医院使，眼界无人，及荐蒋用文入院，会谈，大喜曰：'吾儒而为医，兹来共昌吾道，乃国家民命之大幸也。'"戴思恭善于拔擢人才，发现人才喜不自禁。

又如许景芳。《嘉兴府志》记载："许敬，字孟寅，世为感化乡人。祖文达，父景芳，皆以医鸣。江南治齿痛者，许为之最。永乐间，景芳以院使戴原礼荐召至京，受知仁宗，锡赉洊加，改梁府良医正，引年还乡卒。子敬世其业，有声宣德间，院使蒋主善荐入内院。"感化乡，即现在的江南名镇同里古镇。这一记载说明许景芳父子分别得到戴思恭和蒋用文两代院使的提拔。

又如胡濙。胡濙（1375—1463年），字源洁，号洁庵，毗陵（今江苏武进）人。他为建文二年（1400年）进士，授兵科、户科都给事中，后担任资德大夫正治上卿礼部尚书、前太子宾客兼国子祭酒。大概在胡濙进士这段时间，戴思恭曾与胡濙讲《内》《难》诸经。胡濙受此理念，遂推张仲景为医学正宗。胡濙作为文学家，因为著述有《卫生易简方》而兼医学家，而这和戴思恭分不开。后为戴思恭《秘传证治要诀及类方》作序。

1399年，76岁的戴思恭做了一件功德无量的好事。郑沂所撰《戴思恭行状》里说戴思恭曾经“不循古方”而辞去太医院御医一职，又说他担任院使后：“又尝病张子和《方论》中多讹误，及任院使，订正古今名方三百余，本院式遵而弗替。”他订正古今三百余名方，贡献出来作为太医院用方。其实元丰年间(1078—1085年)，也做过类似的事情。宋神宗元丰年间(1102—1106年)设有惠民局，专司民间医药，并诏医中高手进献秘方。到宋徽宗崇宁年间药局扩增至七局，汇集名方，拟定制剂规范，称《和剂局方》。大观(1107—1110年)时，医官陈承、裴宗元、陈师文奉命校正，厘为5卷，21门，收297方，其后又陆续增添绍兴、宝庆、淳年间等有效验方，改为10卷，分诸风、伤寒、痰饮、诸虚等14门，共788方。戴思恭的老师朱丹溪在《局方发挥》中说：“《和剂局方》之为书也，可以据证验方，即方用药，不必求医，不必修制，寻赎见成丸散，病痛便可安痊……自宋迄今，官府守之以为法，医门传之以为业，病者恃之以立命，世人习之以成俗。”但朱丹溪也指出：“医者意也……今乃集前人已效之方，应今人无限之病，何异刻舟求剑，按图索骥，冀其偶然中难矣！”对当时局方应用的流弊进行了批评。

戴思恭订正的这本名方，多为古书提及，而少有人考证此书到底是哪一本，书名是什么。根据一些资料，我推测可能就是现在的《秘传证治要诀及类方》。《秘传证治要诀及类方》早期分为两部分，是在戴思恭死后四十多年刊印的，当时叫《秘传证治要诀》和《证治要诀类方》。该书在百度百科有如下介绍：“其中汤类方167首，饮类方36首，散类方104首，丸、丹、膏类方135首。”共有药方500多个，比史书记载的戴思恭订正古今药方300余多出了200多个，可能太医院名方早已闻名，他人将戴思恭或其他名医的药方混杂一起，于是就多出200多方。

这一年，去世多年的戴士垚以其子戴思恭之荣贵而被追赠为太医院使。马剑小村，为之欢呼、振奋。

1400年，朱元璋二十子韩王朱松题赠戴思恭书室“肃斋”两字。于是，都察院御史卢原质有《肃斋序》，吏部尚书蹇义有《肃斋跋》，中书舍人朱逢吉《肃斋跋》，国子监祭酒临汀张显宗《肃斋赞》，为戴思恭的斋名写文章。这是戴思恭人生中至尊至荣的大事，也是家族的骄傲，所以这些文章都收录于历代的《戴氏宗谱》。

时任都察院都御史[①]的卢原质《韩王书“肃斋”二大字铭并序》记载了当时情况：“韩王殿下尤加爱重，为书‘肃斋’二大字以赐之。公装潢成轴，悬于斋壁，且征予为铭。予家居为邻郡，及来京师，获托交于公，迨今四年。窃视公之为人，尚德而礼贤，重义而鄙利，诚可尊敬。”

蹇义《肃斋跋》则状写自己对戴思恭的印象：“太医院使金华戴公原礼，纯明笃实，深于儒者也。于他艺无不旁通，而于医尤得其精妙之理。号曰肃斋，盖肃者持敬之意。天下之病，虽万变于前，无不知其致疾之由而有以应之者，敬以主之焉，非知道能如是乎？是以名传海内，士大夫莫不重公，而未知公之于医有所自。韩王殿下独以公为儒者也，尤爱重之，为书二大字。公装潢成轴以示。”

时任中书舍人[②]的朱逢吉《肃斋跋》也记录下如此文字：“金华戴先生原礼，为太医院使之三年，翰王殿下嘉其硕德广学、寿考康宁，为当代医国第一士，因所居室颜曰肃斋，为手书其颜二大字以赐之，字可三尺许。余尝入斯斋，仰翰墨之辉，照耀座端，俨乎若圭璧端冕立乎清庙之上也，金钟大镛列乎东序之表也。”此处朱逢吉称戴思恭为“当代医国第一士”。

时任国子监祭酒的张显宗《肃斋赞》辞简意深：“太医院使金华戴公，德厚而气和，志高而学美，该贯经史，而尤邃于岐黄素难之学。受知太祖高皇帝，起之于金华山中，授御医之职，暨圣天子嗣位，尤被宠遇，遂升今官。公年已八十，而进修不懈，题其燕居之室曰肃斋以自警。韩王殿下闻而嘉之，为书二大字以赐，公既装潢，而属显宗题其下方。”

“肃斋”两字，为韩王亲手所书。每个字三尺左右，戴思恭受之后装潢成轴，

① 明代设左、右都御史各一人，正二品，负责监察、纠劾事务，兼管审理重大案件和考核官吏。

② 明清时于内阁中的中书科，亦设有中书舍人，掌书写诰敕、制诏、银册、铁券等，非前代可比。明代时，中书舍人已为从七品。

悬于斋壁，该轴照耀座端，让每一位来访者或感受这份荣光。

墨黑的大字，让戴思恭远离故乡的骄傲的内心，获得些许厚重的安慰。

1402年，建文帝和燕王朱棣之间的矛盾已经明显，到六月，朱棣便攻占了建文帝所在的南京城。七月初三，朱棣接受吏部的奏请，诏建文时所有更定的官制，一如洪武之旧定，次年即为永乐元年，同时进行“削藩”，将边塞诸王迁回内地。1402年秋，朱元璋的儿子辽简王、肃庄王、庆靖王诸王大都汇聚在南京。此时诸藩王至京，或请戴思恭前来问诊，交谈融洽。辽简王还当即亲笔书题“仁义”两字大轴，以表彰戴思恭的高尚医德。肃庄王和庆靖王也各写一篇赞咏赐戴思恭。

朱元璋十五子辽王朱植之所以给戴思恭题词，有一个原因是戴思恭为他治好了病：“辽王出镇河洛，遇疾而还。皇上命先生往视，以期速效，于是敬加调卫，不浃旬而愈，皇上特赐内币白金，以旌其劳。”这里的“皇上”，是朱元璋。

辽王不仅为戴思恭写了两个大字，还为戴思恭写了一段话：“太医院使戴原礼，精于医学。昔我太祖高皇帝，尝嘉其能，以仁义为心，特赐此‘仁义’二字，以宠异之。暇日来谒余，口陈其事，余不胜感叹，为大书之。尚益懋厥功，以副先帝至意可也。”说明戴思恭去拜见辽王朱植时，提及朱元璋事情，于是辽王朱植就乘兴而为了。

朱元璋十六子庆王朱梅也笔录其事：“太医院使戴原礼，家世医也，存心济物，誉称乡邑，用荐者言，擢居是任，出入禁闼，夙夜小心，恪恭厥职。高皇帝尝谓之曰：‘老戴仁义人也。’由是求文于余，故余为此语以赞之。”“老戴仁义人也。”朱元璋居然如此亲热称呼戴思恭，读来让人心动。

而朱元璋十四子肃王朱楧的《仁义跋》，则记录了戴思恭拜访肃王朱楧时的语录。太医院使戴原礼来谒而告曰：“昔事皇上，从游晋邸克勤，太祖每嘉其能，其‘仁义’而褒奖之。”朱楧还记录相关文件及评论。“辽之贤王大书二字，以揭于前；庆之贤王，复赞于后。余之匪才，固不足齿，录而求之谆谆，岂可听之藐藐？因是不自揆量，僭书于后，盖仁者推己之心，以及于人。”

戴思恭也感到无上荣光，向各位来访好友一一展示诸皇子的笔墨。于是翰林学士兼太常少卿高逊志也写了《仁义赞》：“太医院使金华戴公，以硕学奇术，早事孝陵(指朱元璋),特受知遇,尝顾谓曰:'汝读书有仁义,在医流中非他臣比也。'公拜稽首不敢,当朝之公卿大夫咸闻知之。辽王殿下,素善笔札,乃大书'仁义'二字以贻公,于是装潢成轴,昕夕瞻仰,复俾逊志识于下方,谨拜稽首。"高逊志还在《仁义赞》里称呼戴思恭为"国有元老""医师巨擘"。而中宪大夫缪升回忆戴思恭对自己的请求:"一日升过其家,乃出示所藏,因重陈其事,宛如玉音之在耳,不觉泫然,举坐惊叹。"情动于衷,发乎于词,表之于行,戴思恭老年絮絮叨叨的容貌顿现纸上。

皇子们之所以如此厚爱戴思恭,一方面是出于戴思恭自身的医术和医德,另外还有一个原因也许是政治方面,就是时为皇帝的朱棣很喜欢戴思恭,大家想通过戴思恭找到合适的政治平台。据卢原质记载:"上勤于政治,于君臣鲜所引接,时时乐与公语,或捋其须,或命坐御榻下,与论古今事,每抵暮始休。"其中"捋其须"这个情节很好玩,40 多岁的朱棣捋着 80 岁的戴思恭的胡须,君臣之关系亲密如斯。永乐皇帝朱棣推翻建文帝朱允炆后,对建文帝旧臣赶尽杀绝,而唯独对戴思恭还是待之如宾,不计前嫌,让他再出任太医院使。这并不是因为戴思恭曾为他治好了病,而是戴思恭为人仁义、德高望重,医术高超。

仁义——让戴思恭的御医生涯深受帝王器重,并且由此达到荣耀顶峰。

8　推求师意

失去民间的滋养和注视，最热烈的花朵，也只会在高墙深宫里自开自落。

我一直感到奇怪，作为明代医学第一人的戴思恭，他的医方、医书应该为后世广为传诵，可惜我们对他的医方、医书所知甚少。我们都知道明代医家李时珍，少有人知道明代医家戴思恭。

因为戴思恭只给后世留下那么一点医学遗产，这和他的身份地位极不相称。

其中的原因，可能在于身不由己。戴思恭后半生，一直在帝王、皇子、权臣、妃子之间盘桓。身在侯门，心即使不浮躁，恐怕也难免胆战心惊。

于是，戴思恭转移了研究范畴，从而使得自己在医学上的大半贡献，变成发扬和补充老师朱丹溪的医学。这是不得已的变通手段。戴思恭无奈中把自己作为一支火把，点亮“丹溪学派”的熊熊大火。

医学不同于文学，文学是可以虚构的。而一位医家的水平如何需要实证，也就是要有医案；医家若没有汇总的书稿，他的成就就无法体现。戴思恭到底留下哪些医学成就呢？我找到几种代表性的辞书，摘录里面的相关内容。

《浙江省人物志》里说：“著有《证治要诀》《证治要诀类方》《类证用药》等书，又订正其师《金匮钩玄》三卷，附以己意，多有发挥。”①

---

①　浙江省人物志编纂委员会：《浙江省人物志》，浙江人民出版社，2005年。

《中医文献学辞典》里说："撰有《证治要诀》《证治要诀类方》《推求师意》等书，并将朱震亨的著述进行整理和释义，对朱氏学说有所阐发。"

《中国医学大辞典》里说："著有《证治要诀》《证治类方》《类证用药》各若干卷，又订正丹溪《金匮钩元》三卷。"

《中国医学百科全书·七十六医学史》里说："所撰《证治要诀》12 卷(1443 年刊)，以丹溪之说为本，论治各科杂证证治，简明实用，对后世影响较大。《证治要诀类方》4 卷，所论多持之有据，时出新意。另有《类证用药》1 卷，已佚，戴氏曾将丹溪的《金匮钩玄》予以校补刊行。戴氏尚遗有手稿，推求朱丹溪未尽之意，此稿为明汪机所见，由汪氏门人陈桷校刊，名书为《推求师意》(2 卷)。"

《中国医学大辞典》的说法来自《明史》，里面的《金匮钩元》就是《金匮钩玄》。但这些说法，其实是不很确切的，没有经过仔细考证。比如缺少最早期的记载，如郑沂所撰《戴思恭行状》里说："公著有《推求师意》《本草摘抄》传于世，尝编《丹溪医论》，已镌梓。"说明戴思恭活着的时候，就有三本书正在流传。而略后曹昌所写的《墓志铭》也沿用了这种说法。郑沂和戴思恭同代，所说不会差。现在，我们将这些说法罗列如表 8-1 所示：

表 8-1 戴思恭医学著作考究

辞书	证治要诀	证治要诀类方	证治类方	类证用药	金匮钩玄	推求师意	本草摘抄	丹溪医论
郑沂、曹昌						√时存	√时存	√时存
浙江省人物志	√	√		√	√			
中医文献学辞典	√	√				√		
中国医学大辞典	√		√	√	√			
中国医学百科全书	√	√		√	√	√		

戴思恭在世时，就已经有《推求师意》《本草摘抄》《丹溪医论》三本书流传。但是这三本书，只有《推求师意》现在还留存着，当然也有人说当下流行的《推求师意》不是戴思恭的《推求师意》原版。因为当下流行的《推求师意》是戴思恭去世一百二十九年后，嘉靖甲午新安汪机发现、命名而刊印。《推求师意》分上下两卷及附篇，载朱丹溪医案 27 则。《钦定四库全书·推求师意》提要："震亨以

补阴为主，世言直补真水者，实由此开其端，书中议论，大率皆本此意。然俗医不善学震亨者，往往矫枉过甚，反致以寒凉杀人。此书独委曲圆融，俾学者得其意而不滋流弊，亦可谓有功震亨者矣。”现在有简体本，由江苏科学技术出版社出版。

《金匮钩玄》分三卷，旧署“门人戴原礼录”。本书计有内、外、儿、妇、喉科共137门。卷一、卷二所列杂证近百余条，有论有方，简明精要，不失钩玄之旨。卷三简论妇人、儿科诸病证治大法。观其文字，简朴，直抒胸臆，如老医谈心，无浮饰之辞，当系丹溪课徒时口述之笔录，复经戴思恭校补整理而成。附补语四十又九，标以“戴云”，以示区别。“中称戴云者，原礼说也。”（见江苏巡抚采进本《金匮钩玄》）书末附录专论六篇，一曰《火岂君相五志俱有论》，二曰《气属阳动作火论》，三曰《血属阴难成易亏论》，四曰《咤滞下辩论》，五曰《三消之疾燥热胜阴》，六曰《泄泻从湿治有多法》。专论行文多处引用丹溪原文，如“丹溪又谓大虚大寒者”云云，可知亦为戴思恭所作。“原礼所补，亦多精确。”（见江苏巡抚采进本《金匮钩玄》）该书初刊于公元1358年，宋濂、戴良为丹溪作传均未提及此书，可能为朱丹溪故后付梓。该书最大特色，是以气、血、痰、郁作为杂病辨证纲领，灵活运用于中风、内伤、咳喘、泄泻、呕吐、水肿、鼓胀、淋浊、怔忡等众多疾病的辨证治疗中。《明史·方伎传》载：“此书（指《金匮钩玄》）于原礼传中，卷数与今本同。称其附以己意，人谓不愧其师，其为医家善本可知矣。”因为《本草摘抄》缺失，但在《推求师意》里第一句是：“《本草》于知母、草果、乌梅、穿山甲皆言治疟，然……此方无效。”而《金匮钩玄》第一个方剂就是这个批判的方子，所以，《本草摘记》很可能衍名为《金匮钩玄》。该书现由人民卫生出版社出版，为中医临床必读丛书。

《丹溪医论》历来没有出现过刊印本，但在苏州大学图书馆，藏有《丹溪医案》孤本，载医案345则。内有他人序言：“肃斋当侍教之日，见先生（指朱丹溪）用药治病，病异而药异，此固然也；有病同而药殊，有病异而药同，然病无不瘳者。肃斋从而录之，名曰《医案》，犹法家出治之左券也。肃斋推而为医，已人之疾多奇验，尝授之立方，立方为医之良，未必不由是乎？”这本医案，或许就是王宾窃取的那套（王宾传里说“戴氏有《朱彦修医案》十卷”）。《丹溪医论》2005年易名为《丹溪逸书》由上海中医药大学出版社出版。

《证治要诀》和《证治要诀类方》，原刊于1443年。现为《秘传证治要诀及类方》合刊本，署名为“戴思恭撰”。全书共16卷，其中要诀12卷，类方4卷。2006年，由人民卫生出版社出版。该书以论述内科杂病诊治为主。《证治类方》无疑是《证治要诀类方》的简写。据《四库全书总目》卷一〇四《医家类》记载：戴思恭“撰《证治要诀类方》，圆融委曲，情法备至，以救当时漫用寒凉之弊，诚朱氏之功臣也。”我推测此书很可能是基于戴思恭订正太医院的一些药方之上，对此，我们在本书“太医院使”一节里有过分析。

至此，戴思恭所撰写和校正的书籍，大致可以明晰了。

曾熣的《沐府赠文》记载，69岁这一年，戴思恭治好沐母的湿痹之症后，和沐府有关人员聊起五十年前的事情，以戴思恭的口吻这样写道：“余尝为母遘患，问治于丹溪朱先生。先生谆谆，授以医术，母是用痊。遂乃夙夜究心以明斯道，于兹五十年矣。”这是他20多岁时刚到朱丹溪那里学医不久，治疗母亲的疾病，牛刀小试便一举成功。他回忆起五十年前向朱丹溪拜师求学的场景，从而写出“夙夜究心以明斯道”这些句子也是自然在理。我们知道，戴思恭的医学，确实建立在朱丹溪医学的基础上。他总结朱丹溪的治疗理论，推广朱丹溪的治疗方法，善于领会朱丹溪的思想，继承老师的成果并且超越老师的成就。

戴思恭学习记载了朱丹溪的医案，并且在此基础上有所发挥。如果没有朱丹溪，戴思恭的医理就缺少了晋级的台阶。比如《丹溪心法》“惊悸怔忡六十一”条记录：“惊悸者血虚，惊悸有时，以朱砂安神丸。痰迷心膈者，痰药皆可，定志丸加琥、郁金。怔忡者血虚，怔忡无时，血少者多，有思虑便动，属虚。时作时止者，痰因火动瘦人多因是血少，肥人属痰，寻常者多是痰。真觉心跳者是血少，四物、朱砂安神之类。假如病因惊而得，惊则神出其舍，舍空则痰生也。戴云：怔忡者，心中不安，惕惕然如人将捕者是也。”该段文字先是记录朱丹溪对“惊悸怔忡”的病例分析，然后补充戴思恭对之的认识，简明扼要，点到为止，既吸收了朱丹溪的长处，又巧妙提出自己的见解。后人根据戴思恭对朱丹溪的认识，汇总了《推求师意》的四个方面特点，我们不妨一看。

一是对概念辨疑析误。如《推求师意》“酒鼻条”记录：“酒热所致乎？曰：不然。不饮者，亦病此。盖鼻者肺窍，而足阳明侠鼻上至目内，其位居面之中，属土，为呼吸气息出入之门户，气血之精明者，皆上注于面，入于其窍。故胃中湿热与中焦热所化之血，上输于肺，随呼吸之息，熏蒸鼻端，凝结皮肤，遂成红赤、甚则盈面，不独在鼻也。予尝以凌霄花为末，和密陀僧，唾调敷，甚妙。”戴思恭在这里进行了细致辨析，从而发明了新的药方。酒鼻病名，首先出现于隋代《诸病源候论》，指出此病由饮酒，再遇风冷之气而生，使鼻面生，以后诸家皆以此说为准。按照传统医理，本病多由肺胃积热上蒸，复遇风寒外束，血瘀凝结而成；或因多饮酒，酒气熏蒸，再遇风寒之邪交阻肌肤所致。从当代医学来看，胃肠传导失司、性情急躁、病灶感染、辛辣食物、冷热的刺激、皮肤毛囊虫的寄生等，均可诱发本病。

二是对病症深入剖析。如《推求师意》“咳血条”记录：“止从肺出，他无可言耶？曰：肺不独咳血，而亦唾血。盖肺主气，气逆为咳；肾主水，水化液为唾。肾脉上入肺，循喉咙挟舌本，其支者从肺出，络心注胸中，故二脏相连，病则俱病，于是皆有咳唾血也。亦有可分别者，涎唾中有少血散漫者，此肾从相火炎上之血也。若血如红缕在痰中，咳而出者，此肺络受热伤之血也，其病难已。若咳白血，必死。白血浅红色，似肉似肺也。然肝亦唾血，肝藏血，肺藏气，肝血不藏，乱气自两胁逆上，唾而出之。《内经》有血枯症，先唾血，为气竭伤肝也。又有咯血，咯与唾少异。唾出于气，上无所阻；咯出于痰，气郁喉咙之下，上不得出，咯而乃出。求病所属之脏，咯、唾同出于肾也。余尝治三人，不咳唾而血见口中，从齿缝舌下来者，每用滋肾水、泻相火治之，不旬日而愈。又治一人，因忧病咳唾血，面黧黑色，药之不效。曰：此必得喜可解。其兄求一足衣食地处之，于是大喜，实时色退，不药而瘳。经曰：治病必求其本。又曰：无失气宜。是知药之治病，必得其病之气宜，苟不察其得病之情，虽药亦不愈也。”从现代医学角度分析，咯血是指喉部以下的呼吸器官（即气管、支气管或肺组织）出血，并经咳嗽动作从口腔排出的过程。咯血不仅可由呼吸系统疾病引起，也可由循环系统疾病、外伤以及其他系统疾病或全身性因素引起，其成病原因比较复杂，但应与口腔、咽、鼻出血、呕血相鉴别。戴思恭若没有剖析病症，就难以“尝治三人”，现在他从剖析具体病症中找到对应的医治方法，所以效果明显。

三是治法上对症下药。如《推求师意》“喉痛条”记录：“因于相火之微甚，微则正治，甚则反治，撩痰出血，三者随宜而施。或于手大指少商出血行气，若肿达于外，必外敷以药。予尝以鹅翎蘸水醋缴咽中，摘出其痰。盖酸能收其痰，又能消积血。若乳蛾甚而不散者，以小刀就蛾上出血，皆用马牙硝吹点咽喉，以退火邪，服射干、青黛、甘、桔、栀、芩、恶实、大黄之类，随其攸利为方，以散上焦之热；外敷如生地黄、韭根、伏龙肝皆可用。若咽疮白者多涎，赤者多血，大率与口疮同例，如蔷薇根皮、黄柏、青黛煎噙细咽。先生言理中汤亦可治，详口疮条下。”咽喉痛是一种最常见的病症，它多发于一年中的寒冷季节，感冒、扁桃体炎、鼻窦炎、百日咳、咽喉炎以及病毒感染甚至心肌梗死均可引起咽喉痛。它看似小病，其实暗藏其他病症。戴思恭这里提出了几种药方，都有针对性。

四是对病例增列条目。如《推求师意》“香港脚条”记录：“人两足酸重，不任行动，发则肿痛。一日在不发中，诊脉二部皆大，两手加葱管无力，身半以上肥盛。予以其膏粱外家御，嗜恣无穷，精血皆不足，湿热太盛，因用益精血于其下，清湿热于其上。二方与之，或言香港脚无补法，故不肯服。三月后痛作，一医用南法治不效，一医用北法泻之，即死于溺器上。吁！不识病之虚实，执方误人多矣。”足癣（俗名香港脚、脚气），是由致病性真菌引起的足部皮肤病，其皮肤损害往往是先单侧（即单脚）发生，数周或数月后才感染到对侧，具有传染性。足癣在全世界广为流行，在热带和亚热带地区更为普遍。在我国，足癣的发病率也相当高。戴思恭此方，以对比的方式让医家明白到底何谓足癣，要对症下药。

戴思恭撰写的医学文字，语言简洁明快，多用短句，议论不枝不蔓，直击要害。如：“惊悸，人之所主者心，心之所养者血，心血一虚，神气不守，此惊悸之所肇端也。曰惊、曰悸，其可无辨乎？惊者，恐怖之谓；悸者，怔忡之谓。心虚而郁痰，则耳闻大声，目击异物，遇险临危，触事丧志，心为之忤，使人有惕惕之状，是则为惊；心虚而停水，则胸中漉，虚气流动，水既上乘，心火恶之，心不自安，使人有怏怏之状，是则为悸。惊者与之豁痰定惊之剂，悸者与之逐水消饮之剂。所谓扶虚，不过调养心血，和平心气而已。”这样的文字，读来不甚艰深，语言里自有平和之气，通达畅明。

我们应该看到，戴思恭在朱丹溪思想的指导下，确实能透过师承加以发明，其治学态度严谨。他时常告诫学医者：学医时务须用心，行医时尤当谨慎。明代陆深[1]《金台纪闻》记录了一个《不辨"饧""锡"》的故事：

> 金华戴原礼，国初名医。尝被召至南京。见一医家，迎求溢户，酬应不闲。原礼意必深于术者，注目焉，按方发剂，皆无他异。退而怪之，日往观焉。偶一人求药者，既去，追而告之曰："临煎时下锡一块。"麾之去。原礼始大异之。念：无以锡入煎剂法。特扣之。答曰："是古方尔。"原礼求得其书，乃"饧"字耳。原礼急为正之。呜呼！不辨"饧""锡"而医者，世胡可以弗谨哉！

说的是戴思恭在南京，见一医家门前来求诊的病人特别多，认为他医术高超，是位"神医"，所以天天去其门口观看。一日有一求药的病人刚出门外，那医生就追出来，告诉病人说，"煎药时要加一块锡同煎。"戴思恭听了，十分奇怪，便向那位医生请教。那医生说这是古方上写的。戴思恭求得其书，发现字迹刻错了，乃是"餳"字误刻为"锡"。版本误刻，医生不加核对，不加思考，以讹传讹搞错了。"餳"现在简写为"饧"，即饴糖，俗称麦芽糖。戴思恭于是便向医生讲明原委。

应该有很多初中学生，在考试卷里做过这道文言文题目，但他们未必知道这个戴原礼就是我们诸暨人，而且是皇家国医第一名。戴思恭对这位医生看病认真细致给以肯定，但对其粗疏庸陋行为又做了否定、贬责，他这种寻根问底、严肃认真的治学态度，是后世医家的楷模。

古代中医医道的至高处，是和儒家思想融合为一的。人天同构，人天同类，人天同象，人天同数——这是宇宙的最高真理，也是传统中医学的最高真理。

一切都汇聚在高处。

---

① 陆深(1477—1544年)，明代文学家、书法家。弘治十八年进士，卒赠礼部右侍郎。上海陆家嘴也因其故宅和祖茔而得名。

9 年老乞归

从51岁进京(南京)被人推荐为御医而托词婉谢,到69岁不得不成为御医,至75岁提拔为太医院院使,又过去了五年,戴思恭和皇家打交道接近三十年,进入太医院也十年了,现在是朱棣当皇帝了。

戴思恭或许是朱棣夺位的功臣之一,但他居然急流勇退。

戴思恭曾赢得朱元璋、朱允炆以及朱棣三代皇帝的一致信任,得到了整个朱氏皇族的认同,这是难能可贵的。

在戴思恭的一生中,这一次,或许真的可以轻松了,将自己的身心释放到马剑的山清水秀里,释放到曾经年少的斑斓记忆里。

远方和诗意,离戴思恭从来没有这样近。

《永乐实录》记载,永乐元年十一月,"太医院致仕院使戴原礼陛辞①,命吏部赐之诰命,月给半俸,以终其身。"半俸,每月8石米,数量上并不多,但荣耀无限呀。

翰林学士董伦说,戴思恭"自被征入京,历事三朝,阅岁二纪"。戴思恭经历了三朝皇帝,现在感到年老力衰,要回老家马剑村养老了。王汝玉《戴思恭墓志铭》记载:"皇上正天位,超升今官,既就职后,以耄不任事,请弗从,至数四乃许之。"这个"皇上"就是朱棣。戴思恭63岁那年,他遇着寒风走了漫长的路途,终

① 陛辞,指面见皇帝辞官。

于抵达燕王的府邸。他到达北京的那一天，是三月二十九日，春寒料峭，但万物已经复苏了。

这也许是戴思恭第一次抵达北方。那条路，即使从南京坐船出发，也需要一个多月。

在北京，他治好了燕王的“瘕”症，又调养了燕王的身子。燕王对这位妙手神医印象很深，时时联系讨教。燕王成为明成祖后，依然留任戴思恭为太医院院使。

但戴思恭已经80岁了，他要回家了。他四次要求退休，终于获准。获准退休回家养老的诰命书上是这样写的：

御制诰命

奉天承运，皇帝诏曰：朕惟隆古帝王，建官任人，咸有礼章。眷兹耆旧之臣，宜从优崇之典。尔奉政大夫、太医院使戴原礼，出自儒家，邃于医礼，昔事皇考，屡膺褒奖之言。至于朕躬复效保和之力，谨慎之节，始终不渝。方图任于老臣，闵重劳于衰迈，今特命以本官致仕。礼貌之贵，往有耀于乡闾；德义不忘，庶益增于寿考。钦此。永乐元年十二月十九日。

这是冬天的事情，但回家一直要到次年三月。终于在初见燕王的十七年后，在同一个春寒料峭、万物复苏的季节，戴思恭要回家了。王汝玉《戴思恭墓志铭》里说：“仍赐诰命金帛，致仕归田里。”而郑沂所撰《戴思恭行状》里，有兴高采烈的句子：“永乐甲申三月致仕，驰驿而还。”驰驿，词典上的意思是：旧时官员入觐或奉差出京，由沿途地方官按驿供给其役夫与马匹廪给。沿途都由政府护送，这是很高级的待遇。蹇义《送太医院使戴公南还诗序》写到乞归恩准以后的情况：“于是在廷之臣，无不大小咸以为清代之令典、太平之盛观、拜播之声势，则不足以为公荣。”

回家路上，柳枝放绿，山野一片青绿。一路上，戴思恭或许会回忆自己在太医院的点点滴滴，比如和高逊志[①]等人的聊天，回忆离京时各位达官贵人赠送他的赞词和诗文。

据时任翰林学士、太常寺右少卿的高逊志记录，1398年“余备翰林学士官署，与太医院篱接而垣连，休沐退值之暇，辄过院使戴公所，茗饮谈笑弗倦”。高逊志主要提到戴思恭和朱元璋的关系：“晚际閶宸，擢居近禁，而仁义之言，尤见称于孝陵，故能推原运气，保卫圣躬，而巍然为国之老成。”这里的“老成”，指年高有德的人。

吏部员外郎徐旭提到了戴思恭老师朱丹溪：“暇则造夫伊洛之蕴奥，味士林之芳腴，岂徒溯河间而沿丹溪也耶?”这让戴思恭很高兴，也可能促使他萌发去祭拜朱丹溪墓地的决心。

翰林学士董伦时常找戴思恭聊天：“每与先生谈论，则出入经史，上下古今，不迂不诞，其家学有源，已可见矣。”董伦语气里显得异常敬佩戴思恭，于是就赞得比较夸张：“大或活千人于片言，细或起尪羸于濒死。众人推之为长者，天子称之为仁义。”

连太子少师姚广孝都送来了诗歌《送戴原礼迁金华》：“多士家依婺，豪门祖羡良。高年逾七十，妙学异寻常。众仰缘眉白，尊居非鬓苍。怡闲甘泽薮，趣静效柴桑。老去摩铜狄，仙游起石羊。济生心每切，为物意何长？术有神传诀，医随病制方。世称今缓鹊，人鄙昔刘张。道在能宏施，丹成肯秘藏？常时忻养士，此日幸宾王。蔼蔼声华盛，雍雍德业昌。虽承新雨露，不改旧冠裳。金阙心长恋，丹溪道愈彰。异书留紫府，高论刻青琅。夜雪辞华馆，春风返故乡。地遥人在望，家近雁成行。芳棹萦兰霭，轻裘带杏香。惜君重别去，顾我独情伤。袂判形虽阔，神交迹自忘。秋来开菊圃，候访扫禅房。”这里提到戴思恭“年逾七十”，其实已经是80岁了。

更想不到的是，有一次，王宾也给他送来了《像赞》：“以学术之元元，致遭遇之拳拳；忠怀报上之坚，仁施济下之全。是宜承殊宠于九天，又当享遐龄于百

① 高逊志(1342—1402年)，字士敏，号啬庵，徐州萧县人。元末，为鄮山书院长。洪武寞妆，徵修元史，入翰林。建文初，召为太常少卿。与董伦同主会试，得王艮、胡靖等，皆为名臣。

年。”像赞，指为人物画像或人的相貌所作的赞辞。王宾赞美戴思恭的忠诚、仁惠，祝福他得到皇上恩宠的同时能够获得长久。王宾写这一段话的时候，到底是怎样的心情呢？我猜测，应该是庆幸。他必须感恩这一辈子遇到了戴思恭。自己靠偷窃来的医书获得了盛名，而戴思恭居然身居高位而不追究自己偷窃医书之罪。

和他交往过的人，给他留言的人，和他告别的人，太多了，100多位呀。这些人都是前朝和当朝炙手可热的人（不过有一点很奇怪，当时炙手可热的大学士解缙居然没给戴思恭留下文字，何况解缙是戴思恭好友董伦提拔上来的）：

程立本：浙江崇德人，字原道，官江西副使。建文三年（1401年）十月，因燕王朱棣兵入京师，自缢而亡。

茹瑺：字良玉，号恕庵，衡山藻江人。16岁即由贡生拔入国子监，改授承敕郎，历通政使，累迁右副都御史、兵部尚书、吏部尚书。茹瑺首劝燕王即帝位。

茅大方：名辅，又字希董，泰兴人。洪武中为淮南学官，擢秦府长史。建文元年，迁副都御史。

陶凯：字中立，浙江临海人。深得朱元璋赏识，官至礼部尚书，为制定明代乐章礼仪、典章制度做出重要贡献。

许穆：字士深，早年担任常州府宜兴县提调官主簿，后和蒋用文等人交好。

徐旭：礼部员外郎。

王景：翰林学士。

陆融：刑部主事。

董伦：翰林学士。

姚广孝：太子少师。

俞吉：监察御史。

袁廷玉：太常少卿。

……

戴思恭或许还想起了自己的亲叔叔戴良，不愿意在朱元璋手下为官而做了元代遗民，结果不明不白死于朝廷的监狱。戴良死的那一年自己才60岁，对未来充满了迷惘，哪里想象自己还能够再多活二十年。一切回忆起来，真应了郑沂所撰《戴思恭行状》里总结的一句话：“公与人交，久而弥笃；年愈高，而德愈劭;身益荣,而心益卑。”所以,才会有如此多的朋友。而一切繁华,都会黯淡。戴思恭也许将此当作眼前的烟云,美与丑,都泰然受之。

二十年前,戴思恭离开北京向燕王朱棣告别时,朱棣动情地说:“我日当分膳与卿。”(见郑沂撰的《戴思恭行状》)二十年后,戴思恭向明成祖朱棣告老还乡时,朱棣说:“朕复招汝,汝即来也。”朱棣对待戴思恭二十年如斯,君臣之谊也是让人感动。戴思恭死后,皇帝朱棣从南京传谕旨,还派员前往马剑独秀山祭奠。

现在,长须飘飘的戴思恭,终于戴着明代士人独有的黑色方顶大巾,披着一身霜月星辰,在春风骀荡中回到了马剑。

毕竟年纪大了。在马剑乡居的日子,戴思恭身体出现了状况。

四月中旬到家,稍稍休整一下,就到了马剑过小年的时节。马剑镇有农历六月初过小年的风俗。对于过小年的起源,当地有许多说法。有的认为是父母亲盼望自己的子女能多回家看看,也有的认为此时正值早稻吐穗灌浆之时,经过半年的辛勤劳作,一季粮食丰收在望,农民趁这小段闲暇的时光团聚一下,久而久之,就形成了过小年的风俗。过小年,虽说是小字当头,但主要是为了与春节有所区分。从六月初一到六月十五,几乎天天都是节日。过小年这天,马剑一带村子家家户户的中餐、晚餐一定是极丰盛的。菜肴除常见的鸡、羊、鱼、肉、蔬菜之外,桌上一定有一盘象征节节高升的竹笋、一盘意寓生活步步高的糯米糕,再有就是一大盘马剑馒头。马剑馒头与普通馒头制法不同,一般馒头多用发酵粉做,而马剑馒头却用酒酿替代发酵粉。① 对这些久违的乡音乡情,戴思恭应该是感受到了内心的快乐的。

整个夏天,马剑山村比山下要凉爽,温度低个两三摄氏度,晚上也许还要盖薄被,但也很快过去了。秋天来了。王汝玉《戴思恭墓志铭》中记载:“甲申冬十月,复命使者乘轺召公,大枕不起。”郑沂所撰《戴思恭行状》则如是说:“是年十月,公以坠楼卧疾,适使者持节来召,以疾笃不起。”三月致仕,仅仅过了半年,到十月,朱棣就来找戴思恭了,而戴思恭居然不小心从楼上跌滑下来,于是使者不

① 随着时代的进步,当今马剑过小年盛行“八大碗”:煎豆腐、三鲜、马剑馒头夹乌肉、番薯粉丝、豆腐包、豆腐皮、长寿面、发糕(或汤粽)。

能带戴思恭回京。

又过了半年，朱棣估计戴思恭恢复得差不多了，就又来找戴思恭。这次异常隆重。王汝玉《戴思恭墓志铭》记载："永乐乙酉夏四月，上遣内臣杜典、院判袁宝，赍赐礼币楮镪至家，以安车迎入，召见。上曰：朕知卿年老有疾，其免拜跪。奏对称旨，龙颜悦豫，复腐隆赏优礼，官舍特使扶进。"郑沂所撰《戴思恭行状》中写道："乙酉夏四月以安车入，因公衰病免行拜礼，日卧官舍，惟特召乃进见。"80 多岁的人了，虽然得到皇上恩遇，但每天在京城的旅馆里眼巴巴等着皇上召见，我们可以想见戴思恭的孤独。尤其是这年三月次子戴宗俨的亡故，让戴思恭心头如何能够安静？这是家事，国家方面呢——这一年夏天开始的一场大雨，淅淅沥沥，让杭嘉湖地区水灾严重，朱棣特意下诏免除赋税。

一切都是那么令人寂寞。

戴思恭在南京待了半年，时时刻刻想回老家马剑。王汝玉在《戴思恭墓志铭》中写道："秋九月，上赐金绣罗衣一袭，汉王殿下亦厚赐焉。公复请归，十月十三日，上曰：十五日吉，其赐归，明日可来见。十四日，上赐金币楮镪，敕[①]吏部选同乡官一员驰传送回。"这里提到的"汉王"，指明成祖朱棣次子、明仁宗朱高炽同母弟朱高煦(1380—1426 年)。朱高煦最初被封为高阳郡王，后随父亲起兵靖难，累立战功，成祖即位后，封为汉王，藩国云南。他却一直留居南京，不肯就藩，多次谋取太子之位。当然当时朱高煦还未那么明显反叛，他"厚赐"戴思恭也许是一种政治表态，表明和父亲站在同一立场。这一次，据说戴思恭还获赠百鹤图一幅，不知是不是朱高煦所赐。郑沂所撰《戴思恭行状》则提到："是冬十月，复请乞骸骨[②]，敕十五日吉治行，俾礼部选官护送。濒行，论公曰，朕复召汝，汝其来也。"十月十五吉日由南京启程。

路上行程半月，到家已近十一月，快年底了。郑沂所撰《戴思恭行状》记载："公既抵家，出赐金修祀事，遍召亲故宴饮乐，置殽羞，拜丹溪墓，载酒造邑中，从所知叙平生欢用招恩贶之隆。"他还去祭拜了老师朱丹溪的墓，仿佛是一场最后的告别。

---

① 敕，帝王的诏书、命令。

② 乞骸骨，自请退职，意为请求使骸骨归葬故乡，回老家安度晚年。

可是过了不到20天，戴思恭发病了。郑沂所撰《戴思恭行状》写道："甫旬，余疾作。公自知不治，将易箦召诸子姓训之积善守法且告以不能补报身后愧言已而逝。"王汝玉在《戴思恭墓志铭》中写道："未越旬，乃十一月十三日，忽左颌游风，公曰：我舌燥涎流，殆死证也。至二十一日，乃召家之大小悉来前，语以死生之理。言讫乃端坐拱手，瞑目良久而逝，是日亥时三刻也。"曹昌的《墓志铭》则写道："未几，患左颌游风且革，遂呼宗族子侄列塌下，语以生死之理曰：'我已非材，缪膺恩宠，荣幸极矣。吾祖宗积德累世，而振于吾。为吾子孙，能积善守法，为孝为忠，不负朝廷之意，死无憾矣。'端坐拱手瞑目而逝。"

游风，是一种急性的以皮肤表现为主的疾病。病因为脾肺燥热，或表气不固，风邪袭于腠理，风热壅滞，使营卫不调所致，也可因食物过敏而发。毕竟年纪大了，他现在的年纪，活过了家族里父亲和两个儿子寿命的一倍。戴思恭遗言里留下"积善守法，为孝为忠"八个字，亦可为"仁人"之称谓了！

戴思恭享年82岁。

这个"自幼庄重，不拘言笑，孝谨温良"（见郑沂《戴思恭行状》）的马剑小子，已经尘归尘土归土了。消息抵达南京，朱棣悲痛不已。他着手准备祭文。据记载："次年二月，礼部以闻，成祖嗟悼，遣官祭以牲醴，制祭文褒美，恩至渥也。"下面是祭文：

御制祭文

维永乐四年岁次丙戌二月壬戌朔越二十六日丁亥，皇帝遣行人翁绶，赐祭于太医院使戴原礼。惟尔出自儒家，精于医术，朕昔在藩国，忽撄奇疾，更数医弗效，积久愈剧，乃召尔于金华。尔至，施不数剂，去其固滞，遂底平宁。朕心眷念，未尝忘之。由是获事皇考，屡膺恩宠。朕缵承大统，尔朝夕左右，复继前劳。顾年齿日衰，特赐休致，归于田里，以养余年，谓可不时而召见也，何期一疾，遽然长逝？朕之伤悼，良切于怀。兹特遣人，祭以牲体。尔尚有知，服斯谕祭。

也有官宦老友从京师送来挽联，有太常少卿袁廷玉、吏部尚书蹇义、翰林学士董伦诸人。棺椁起落，经幡飘动，故人远逝，留下追思。戴思恭卒后葬于马剑村南边方口村独秀山上，为当地人叫作“眠犬山”的犬首位置，距故居约两千五百米。后人寻访过他的墓，没有找到。后来听说有人发现过一些石碑，拿来家用了。结果在池塘边找到一块，但字迹漫漶不可辨，又在农家的猪舍边找到一块幸存的石碑，上面有“奉政大夫太医院使戴公圹志”十二个篆文。

奉政大夫，明代正五品官阶，属于文职的闲散官员。回想起来，一个乡村医生，获得了国家认可，聘为国家公职人员，在古代闭塞的乡村，也是光宗耀祖值得骄傲的大事！

但戴思恭若仅仅和国家、皇室捆绑在一起，他的价值除了一块墓碑和墓碑上的题词，就几乎没有了。而这对戴思恭的医术才华来说，是不相称的。

应该有更高的位置留给戴思恭。但戴思恭走到当时的那一个层次，就走不下去了，而他本来可以走下去的。后半生，戴思恭就像拘囿于铁笼的猛虎，让人赞，更让人叹！

10 国朝圣医

思则通医道，恭必迎仁义。

我们从历史的尘埃里，将戴思恭找了出来，找了回来。不仅是找回失传的方子，找回被蒙蔽的人事，更是要将戴思恭的精神找回来。

戴思恭散落在历史卷册中的一切，都是散落的珍珠，具有奇妙的价值。

我们应该将这些散落的珍珠拾掇起来。

现在我们先收拾一些散落的珍珠。这些闪光的片段，虽然无法连缀整个人生，却也是人生旅途中不可或缺的亮点。

先来看戴思恭年轻时的一个传说。

当时大概是戴思恭从师朱丹溪不久。一天，年轻的戴思恭背着药箱，跟随着自己的老师朱丹溪来到金华市郊，忽见一支送葬的队伍在前面走。他定睛一看，那抬着的棺木，还向下滴着血，再仔细一看，那血还是鲜红的。这几年他正在向朱丹溪先生学习有关妇科方面的医学知识。他猜测：这棺木内躺着的定是位新亡故的产妇，从棺木中滴出的鲜血来判断，这妇人可能还没有死，还可救。

于是他请求老师同他一起去问个究竟。意想不到的是，朱丹溪不肯，回答说："棺内明明是个死人，你要救人，你自己去。我才不跟你去呢！"说着竟自顾自走了。戴思恭是个很有主见的人，他相信自己的观察和判断不错，就一个人跟着送葬的人群走。他从送葬的人中打听到，棺内是一个因难产而死的产妇。

在当时的封建专制社会中，开棺是不被允许的，如果开了棺而救不活人，是要判罪的，他要求开棺救人，自然遭到送葬的人一致反对，只有亡妇的丈夫不胜悲痛，觉得如有一线希望，就不妨试试看，愿意开棺把刚去世的妻子交给他救。经过反复讨论，最后众人终于被戴思恭说服，于是就在坟地旁打开棺木。

戴思恭检查“亡妇”后，信心更足，他从容地从药箱中取出随身带的银针，在“亡妇”的肚脐眼上猛扎一针，“亡妇”似乎颤动了一下，过了一会，那产妇终于慢慢苏醒过来，她肚内的男婴也呱呱地滚落下来，母子平安。戴思恭解释道：这名产妇在生产时，忽被婴儿的双手死死地抱住心窝，因而血流不止，昏厥过去。他的一针，正好扎中胎儿的手心，胎儿猛一惊，放开双手，钻出娘胎，产妇的心脏也重新跳动起来了。故事的结局是：母子均得救。

传说毕竟是传说。这个传说里，为了衬托戴思恭医术高明，不惜降低朱丹溪的医学修养，其实，朱丹溪也绝不会如此低俗地逃避，水平更不会如此低劣。说实在点，就是戴思恭可以救活的，朱丹溪一样也可以。

还有一个传说，也是和朱丹溪有关。朱丹溪成名之后，很多学医者自愿拜其名下，也有远方患者慕名而来。有一年夏天，朱丹溪的一位书友肚腹疼痛，久泻不止。朱丹溪诊脉后给他开了一剂中药，服药后不见好转。复诊时又给他开了三剂，服后还是泻泄不止。朱丹溪从未遇到过这么棘手的病例，一时束手无策。这位书友无奈，即到朱丹溪的学生戴思恭处求医。戴思恭接过老师的处方仔细查看，又观舌切脉，详细寻问病情，然后对患者说：“先生的遣方用药无可挑剔，晚生认为欲止泻泄，给你加上石榴皮三钱，不妨一试。”这位书友按处方抓药三服，服后腹泻霍然而止，不日痊愈。朱丹溪问服什么药好得这么快，书友掏出处方说：“是戴思恭在您的方中加了一味药。”朱丹溪看罢处方似有所悟道：“这味石榴皮添得好啊，可谓青出于蓝了！”

汉代张骞出使西域带来了石榴，于是中医逐渐将石榴作为一种方药。这里也有科学道理可说。烘干的石榴皮含有根皮碱，对伤寒杆菌、痢疾杆菌均有抑制作用。石榴皮还能使肠黏膜收敛，分泌物减少，所以能有效地治疗腹泻、痢疾等症，有涩肠止泻的特殊功效。戴思恭没有死板地运用朱丹溪的药方，而是巧妙地在老师朱丹溪的药方上微微改动了一下，就起到了神奇效果。

据说，一些远方的私淑弟子传下规矩：凡是马剑戴家的后代前来就医，不仅免费，而且一宿两餐、好酒好肉招待。比如浦江郑宅镇深溪王祖传妇科，旧时马剑戴家就有人亲身享受过这种待遇。戴家族人猜测说，王家收藏着一本戴思恭的妇科秘诀，所以才如此看重戴氏后人。

《中国民间文学集成》（浦江卷）里有一篇《深溪王妇科的由来》的文章，却不是这么说的。文章说，朱元璋登基以后，下诏让全国荐举孝义者做官，浦江郑氏选拔了 13 人，郑氏旁边的王氏选拔了 5 人，这 18 人一同到南京任职。王家儿子王应也由此入列。后来王应担任广东布政使，勤政爱民，获得百姓感恩，相赠歧南香两斤，百姓说歧南香是妇科良药。王应带回浦江，教子孙学医，王氏子孙号脉准、药效好，加上有独门秘方，凡是妇科病一服即愈。现在深溪王妇科中医在诸暨、义乌、浦江等地颇有名，《市场导报》主编王向阳先生就是深溪人，他的姑父、姑妈就是深溪王妇科传人，现在还在郑宅镇上开诊所。

其实这个故事有几处值得商榷。

首先，王应到底任何官职。根据《明史·孝义》“王澄”条：“王澄，字德辉，亦浦江人。岁俭，出粟贷人，不取其息。有鬻产者，必增直以足之。慕义门郑氏风，将终，集子孙诲之曰：‘汝曹能合食同居如郑氏，吾死目瞑矣。’子孙咸拜受教。澄生三子，子觉、子麟、子伟，克承父志。子觉生应，即为郑湜所举擢参议者。子伟生懃，即与郑济并擢庶子者。义门王氏之名，遂埒郑氏。”说王应获得的官位是“参议”，这和《明史·孝义》“郑濂”条可以一同参看：“湜举同郡王应等五人，皆授参议。”我查找了《明代广东行省职官表》，无浦江县王应担任布政使的记载。所以王应做官是事实，也可能去过广东，但未必担任过布政使。王应做参议这件事发生在洪武十三年(1380)前，因为 1380 年罢中书省后就废止了。

其次，这里的“歧南香”应该写作“奇南香”，就是沉香，广东那边比较多，确实也是一种稀有物品，有行气止痛、温中止呕、纳气平喘的效果，属理气药，男女皆可用。元代王好古的《医垒元戎》提到可以“治胞转不通”，这倒是针对妇科的。所以，这个传说的可靠性不强。根据马剑戴家的传说，我倒认为王家后人可能向戴家后人学过医，至于是不是向戴思恭学，没有具体资料不好证实。但当时戴家戴思恭自己在太医院，戴思恭儿子戴宗儒去晋王府担任王府良医正，戴思恭堂兄弟戴思乐担任浦江医学训科，戴家属于浦江医学世家，王家肯定曾经受惠于戴家，否则不会有厚待戴家子孙的传统。

说起来，郑宅镇前店村深溪王家其实也是赫赫有名的，明代开国文臣宋濂先生曾为王氏撰写《深溪王氏义门碑》，不过近旁的“江南第一家”郑氏名声太响，让王家略显得黯淡。王氏宗祠，2010 年被列为浦江县第四批县级文保单位。王家和戴家的故事，应该还可以挖一挖。

据说，有一个减肥古方来自戴思恭，疗效相当不错，具有实际效果而被当下一些商家广泛炒作。

在一本《千金宫廷美容方》的书中，介绍了一个减肥古方，这个古方名字叫紫昕散。减肥效果有多强呢？一个月，可以让你体重下降许多斤。里面说：紫昕散是一个古方，紫昕散出自明代朱元璋御医戴思恭名著《证治要诀》，“紫昕散服之，令人细瘦，欲容体瘦以示人者，一味服紫昕散”。其实，这本书搞错了，《证治要诀》里根本没有紫昕散的药方，而是很俗常的荷叶灰。这说明，一些所谓的医学专家假托古书的状况太普遍了。

戴思恭的《证治要诀》中第三卷《诸气门》确实有“荷叶灰”的条目，原文是：“治阳水浮肿。败荷叶烧存性，碾末，米饮调下。荷叶灰服之令人瘦劣。今假病，欲容体瘦以示人者，一味服荷叶灰。故可以退肿。”荷叶灰方，又称荷叶灰、煅荷叶、荷叶碳。阳水浮肿，主要临床表现：眼睑先肿，继而头面，甚至遍及全身，来势迅速，小便短少，皮肤薄而光亮，常伴有恶风、恶寒发热，无汗，肢体痛楚，舌苔薄白，脉象浮紧，或咽喉肿痛，舌红而脉浮数；或全身浮肿，来势较缓，按之没指，肢体沉重困倦，小便短少，院腹痞闷，纳呆食少，呕恶欲吐，舌苔白腻，脉沉。荷叶灰为什么可以退肿呢？荷叶灰能减肥原理主要有两个。一是荷叶灰能去除痰湿。痰湿是中医中一个重要的概念，实际上中医认为，痰湿就是肥胖的主要原因。所以，减肥首先就要去除痰湿。二是荷叶灰能自然调节你的饮食结构。因此专家认为，喝一段时间之后，会自然不再喜欢吃油腻的食物了，同时饭量也会变得很小。

戴思恭在《证治要诀》中，还提到荷叶灰的制法：“败荷叶烧存性，研末，米汤调服。”荷叶灰是把荷叶烧存性。烧存性是中药炮制方法之一，是把药烧至外部焦黑，里面焦黄为度，使药物表面部分炭化，里层部分还能散发出原有的气味，即存性。正宗的荷叶灰颜色呈焦黄色。每次用10—20g，米汤调服，每日3次，连服1个月。若搭配白术、黄芪粉或者山桃花效果更佳。脾虚的人荷叶灰搭配白术粉，气虚的人搭配黄芪粉，便秘搭配桃花茶。所以绝不是将荷叶放在火上直接烧成灰，这样做有副作用的。

传说在明代的时候，几位大臣害怕朱元璋的严刑峻法，欲装病而请辞官，于是找到戴思恭，戴思恭开出的方子就是荷叶灰，让这些大臣躲过了朱元璋的责罚。此事不见于史书，而在民间流传。

此外，荷叶还能辅助降血压，预防动脉硬化，治疗脂肪肝，解暑清心，消退水肿，止血，等等，非常适合现代人的养生保健。南京名中医邹云翔①，擅长治疗老年病，他在《四种老年性疾病的防治》一文中写道："高血压、心脏病人，若血脂过高，体质丰盈肥胖，体重85—90kg的，来我处就诊时，我经常于方剂中加用荷叶15g，冬令可用干的，服数十剂后，体重可减轻5kg；甚至血脂增高达6.8mol/L以上的，也能逐渐恢复正常。夏令可用鲜荷叶煮粥食之，或用荷叶代茶，皆有效。"当代中医吴圣贤在北京东直门医院神经内科，经常碰到体重、血脂过高的脑中风、高血压、冠心病病人，通常会在方子中加上荷叶20g，效果非常明显。不知道我们诸暨的当代中医是否也是如此。

戴思恭和当下诸暨有直接关系的，还有下面一个传说。据说戴思恭和有名的中药铺"元泰堂"②有关，而这又要从左宗棠说起。

清代光绪二年(1876年)，左宗棠率军队西征收复新疆。其时，陕西省华阴县姓牛的商人，从陕西、甘肃组织了一批中药材，随军运到了乌鲁木齐，并在乌鲁木齐大十字一带摆起中药摊，后在北大街租赁门市，正式挂出"元泰堂"的牌匾。这家名为"元泰堂"的中药铺，坐西向东，有三大间砖门楼门市(现大十字以北百货商店址)，圆门板上有一副对联很有内涵，叫"元素探丹鼎，泰业继青囊"。

---

① 邹云翔(1896—1989年)，我著名中医学家，肾病、老年病专家，江苏省中医院创始人之一，任院长，全国第二、三、四届人代会代表，担任中央保健委员会医师三十余年。

② 李刚、袁娜：《论清代陕西商人在新疆的活动及其会馆建设》，新疆大学学报(哲学社会科学汉文版)，2006年第5期，第66—70页。

投资者是陕西华阴人牛正先，第一任经理是陕西华阴人牛培廉，第二任经理是甘肃武威人安良臣，第三任经理是陕西华阴人牛振梁，第四任经理是甘肃张掖人郝文明。除乌鲁木齐有“元泰堂”之外，还在甘肃张掖、酒泉、兰州等地设有分店，俗称陕甘帮药店。

史料记载，从事药材经营的陕西商人牛正先，钦敬和折服于戴思恭的高明医术，将之视作华佗再世，并决意以自己经营的道地药材，印证和发扬戴氏的医学理论，以疗治民间黎民百姓的疾苦。“元泰”二字，隐藏在“元素探丹鼎，泰业继青囊”这副对联中。“元素”古指构成万物的金木水火土五行，“丹鼎”是指药炉，“青囊”是指中医（据说中医鼻祖华佗被杀前，为报一狱吏酒肉侍奉之恩，曾将所用医书装满一青囊送给他。华佗死后，狱吏亦行医，使华佗的部分医术流传下来，据此，后人称中医为青囊）。它的意思是：继承传统，创办实业，良药济世，造福后人。这副门联之所以用“元”“泰”两字作为开头，还有一个意思，正是为了纪念前朝的一位名中医戴思恭。戴思恭生于元泰定元年（1324 年），少时随父从学于朱震亨（丹溪），最得丹溪真传。故在“元代泰定年间，得丹溪真传”中取出“元、泰、丹”几个关键词，将戴思恭的医学著作视作华佗的“青囊”，于是有了“元素探丹鼎，泰业继青囊”的门联，内含了纪念、继承的深层次意思。2012 年，“元泰堂”落户诸暨，也算是对远方医家，对诸暨戴思恭的一次回馈。

而戴思恭一直也在回馈，回馈皇家恩遇，尤其回馈老师朱丹溪。戴思恭得到朱丹溪学术的真传后，一直在继承中对朱丹溪未竟之论予以补充、发挥。宋濂在《题朱彦修遗墨后》中如此赞赏：“先生之弟子虽众，得其真切者，惟仲积父子为优。仲积不幸早逝，原礼以其学行于浙河之西，从之者日益多，由是先生之道沾被滋广。”《明史》中评价戴思恭“人谓无愧其师云”，该是对朱丹溪这位优秀弟子的最高嘉许。戴思恭写的《推求师意》一书，便是本着其师朱丹溪之道，予以研究阐发，发挥了老师的未竟之意。

比如关于郁证，现代医学是这样认为的：郁证是由情志不舒、气机郁滞所致，以心情抑郁、情绪不宁、胸部满闷、胸胁胀痛，或易怒易哭，或咽中如有异物梗塞等为主要临床表现的一类病，根据郁证的临床表现及其以情志内伤为致病原因的特点，主要见于西医学的神经衰弱、癔症及焦虑症等。从中医角度说，朱丹溪说：“气有余便是火。”戴思恭则补充说，“气属阳，动作火”，并进一步解释说："捍卫冲和不息之谓气，扰乱妄动变常之谓火。"朱丹溪说："人身诸病，多生于郁。"戴思恭发挥了朱丹溪"人身诸病，多生于郁"的主张，进一步提出："郁者，结聚而不得发越也，当升者不升，当降者不降，当变化者不得变化，此为传化失常，六郁之病见矣。"既然传化失常为致郁之关键，因而他认为"中焦致郁多也"。戴思恭根据临床，对此加以引申，指出"传化失常"是导致郁证的关键。并且延伸指出有"六郁"："气郁者，胸胁痛，脉沉涩；湿郁者，周身走痛或关节痛，遇阴寒则发，脉沉细；痰郁者，动则喘，寸口脉沉滑；热郁者，瞀闷，小便赤，脉沉数；血郁者，四肢无力，能食，便红，脉沉；食郁者，嗳酸，腹饱不能食，人迎脉平和，气口脉紧盛。"从此亦可见其凭脉辨证之极为精确。治郁之法，有中外四气之异，即表里、风寒、热湿，根据病位及病性之异确定相应的治法。在用药方面. 戴思恭指出苍术、香附、抚芎为治郁要药。戴思恭对郁证的辨证施治多有发挥，对后世有一定的影响。

当然，中医派系众多，说法不同。有人就对戴思恭提出过不同看法，如《续医说》①摘录湖北石门名医刘桂的《医论》里的内容：

或问云：《和剂局方》丹溪发挥辨之详矣。戴原礼乃丹溪高弟，今观其所著《证治要诀方论》，皆祖局方，何也？余曰："局方亦何负于人哉？前后活人，不知其几，丹溪但辨其用药者误耳！非方之罪也。血虚证，不宜用香燥之剂；痿痹证，不可混作风治，亦何尝屏弃之乎？今人遂以《局方》例不可用，或者有宜北不宜南之说，殊不知内经治寒以热、治热以寒、微者逆之、甚者从之，权变得宜，消息以为治要，可限以南北之方而无寒热之异哉？原礼盖得丹溪之心法者，其有取于《局方》，非苟然也。"

这位不很知名的当地名医刘桂认为戴思恭也有局限性，刘桂提出"权变得

① 《续医说》十卷。明俞弁撰，刊于 1522 年。本书仿《医说》的体例，分为原医、医书、古今名医等 27 类，各类更列小标题，补充引录历代文献中的医学掌故。

宜”的观点，很值得我们深思。不过，连戴思温都是如此：“用药未尝执泥古方，不一滞于攻伐，不尽拘于补养，卓然为医家巨擘。”朱丹溪和戴思恭更是一直如此：不拘泥古方，应时而症。当然，刘桂的指责或许有点无事生非。

不仅历史上其他医家对戴思恭指指点点，甚至现当代中医本身也被人指责。现代化的步伐朝前行进，西医进入了古老的中国，中西医之间从而出现了矛盾。于是就出现了中医存废问题的争论，近百年来，我国关于中医存废问题就发生过几次重大论争事件。

1879 年，清末国学大师俞樾先后发表《废医论》《医药说》，提出“医可废，药不可尽废”的观点，成为近代中国主张废除中医的始作俑者。

1912 年，北洋政府在颁布《中华民国教育新法令》时，以中西医“致难兼采”为由，没把“中医药”列为教育学科，只提倡设立专门的西医学校，造成了近代史上著名的“教育系统漏列中医案”。1925 年，中国教育界决定将中医纳入学校体制中。以余云岫为代表的西医界人士上书教育部予以抵制，教育部以此为由拒绝了中医进入大学学系的要求，导致中西医矛盾、冲突进一步加深，继而引发了二十世纪最大的一次中医存废之争。

1950 年，全国卫生工作会议又一次拉开中西医论争的帷幕。余云岫在会上提出“改造旧医实施步骤”的草案，提出将中医改造成西医。卫生部副部长王斌提出，中医是封建医学，应随封建社会的消灭而消灭。因政府和毛泽东主席大力扶持中医，王斌和贺诚两位卫生部副部长被撤职，“中西医结合”说法开始兴起，并引起废存双方新的争论。

2006 年 4 月，中南大学科学技术与社会发展研究所张功耀再次挑起了新一轮中医存废争论。他在《医学与哲学》(人文社会医学版)杂志上发表了《告别中医中药》一文，声称“从文化进步的角度看，中医中药没有寻求到自我进步的道路，约束了人们对病理和生理的理解；从尊重科学的角度看，中医中药既缺乏经验基础又缺乏逻辑基础；从维护生物多样性的角度看，中医中药在倡导不科学施治的同时，破坏了生物的多样性；从人道主义的角度看，中医中药蕴含着装腔作势的医理解释，推行毒物、异物、污物入药。因此，我们有充分的理由告别中医中药。”由此点燃了二十一世纪我国中医存废问题争论的导火索。2006 年 10 月 10 日，卫生部新闻发言人在该部例行新闻发布会上明确表示，坚决反对取消中医的说法。

2007年3月21日，由科技部、卫生部、国家中医药管理局等16个部门共同制定的《中医药创新发展规划纲要（2006—2020年）》（以下简称《纲要》）正式发布。《纲要》明确地指出了我国中医药目前正面临的以下三方面的挑战：①医疗保健服务能力有待提高。中医学未能充分吸收近代科学的成果而始终保持着具有自身特点的发展方式，还不能很好满足现代生活条件下不断增长的社会需求。②现代产业基础不强。我国中医药产业缺乏优质高效的产品，研发和创新能力薄弱；中药产业链尚待完善，中药农业刚刚起步，中药资源的可持续发展与合理利用及相关生态环境问题尚未得到有效解决；中药工业生产工艺和工程化技术落后，缺乏标准化的专用制药工业装备；中药出口以原料为主和依赖老品种的局面没有明显改观，而"洋中药"返销进口有增长趋势。③现代科学基础薄弱。这集中体现在用传统概念表达的中医药理论的科学内涵，难以被现代社会普遍理解和接受；复方中药的物质基础和作用机理等现代研究一直未获突破；自主创新体系尚未形成，制约了中医药现代化、国际化进程。

为此，《纲要》确定了"继承，创新，现代化，国际化"四个方面的基本任务，提出了"统筹协调、全面推进，加大投入、科技支撑，积极加强中医药领域的国际交流与合作，强化对中医药创新发展的政策支持"四项措施，以求切实推动中医药的传承、创新与发展，总算为中医指明了一个发展方向。

回过头来，我们再来看看从深宫大院走出来的御医戴思恭。他对六百多年后的医学发展一无所知，依然保持着六百多年前的清癯和顺的容貌，以传统中医赢得当时朝野的一片称颂。宋濂在《宋学士文集・翰苑续集》中撰文称赞戴思恭医术高妙，非一般医生可及，可以看出戴思恭当时的医名。《明史》谓戴思恭"学纯粹而识深远"，胡濙序《证治要诀类方》亦称"谓其论断，出新意于法度之中，推测病源，著奇见于理趣之极"，都对戴思恭做了颇高的评价。王汝玉在《戴思恭墓志铭》里认为，戴思恭之医学"所得于丹溪者，触而通之，类而比之，研精殚思，明体适用……后之人能知丹溪之学者，是公有以倡启之也"。我们回顾一下本书里前面章节提及的明代诸人对戴思恭的评价：

朱元璋："老戴仁义人也。"

朱棣:“我日当分膳与卿。”

高逊志:称戴思恭为“国有元老”“医师巨擘”。

朱逢吉:称戴思恭为“当代医国第一士”。

朱国祯:“戴原礼,国朝之圣医也。”

胡濙:“诚医门之规矩准绳也。”

……

无论是最高领袖还是文坛巨擘,都以溢美之词称颂戴思恭。这些词语,透过六百多年光阴,还是热辣辣滚烫烫的,充满了热情。而时代已经到了二十一世纪,有人在质疑中医能否继续走下去,也有人指出西医和中医之间还有许多未认知的领域,正等待我们去探索、去开发。如何认识中医、发扬光大中医,是一个重大的命题。作为一个历史悠久的古城,诸暨正焕发出崭新的生机,我们在往前走的路上,也许必须回头看看来路,看看那些在历史中闪耀的背影,他们能够告诉我们一些什么启示。

如果戴思恭穿越六百多年来到我们面前,我们面对这位长须飘飘的御医,会和他畅谈甚欢否?

面对一位受多任国家最高领袖青睐的医家,他究竟有怎样的魅力?他和朱元璋对话时,也采用古奥的马剑方言[①]吗?

如果我们咨询他一生里还有什么遗憾,他会怎么回答?而询问他一生最大的荣光是什么,他的回答是否就藏在我们对他一生的描述里?

戴思恭留下了太多美好的空白。这些空白像一条隔了六百多年的闪光道路,吸引我们走进去。

---

① 如马剑方言将“筷子”叫作“箸”,将“吹”读作“去”,将“水”读作“虚”。

附录一:明史·戴思恭传

戴思恭,字原礼,浦江人,以字行。受学于义乌朱震亨。震亨师金华许谦,得朱子之传,又学医于宋内侍钱塘罗知悌。知悌得之荆山浮屠,浮屠则河间刘守真门人也。震亨医学大行,时称为丹溪先生。爱思恭才敏,尽以医术授之。

洪武中,征为御医,所疗治立效,太祖爱重之。燕王患瘕,太祖遣思恭往治,见他医所用药良是,念何以不效,乃问王何嗜。曰:"嗜生芹。"思恭曰:"得之矣。"投一剂,夜暴下,皆细蝗也。晋王疾,思恭疗之愈。已,复发,即卒。太祖怒,逮治王府诸医。思恭从容进曰:"臣前奉命视王疾,启王曰:'今即愈,但毒在膏肓,恐复作不可疗也。'今果然矣。"诸医由是免死。思恭时已老,风雨辄免朝。太祖不豫,少间,出御右顺门,治诸医侍疾无状者,独慰思恭曰:"汝仁义人也,毋恐。"已而太祖崩,太孙嗣位,罪诸医,独擢思恭太医院使。

永乐初,以年老乞归。三年夏,复征入,免其拜,特召,乃进见。其年冬,复乞骸骨,遣官护送,赉金币,逾月而卒,处八十有二,遣行人致祭。所著有《证治要诀》《证治类方》《类证用药》诸书,皆櫽栝丹溪之旨。又订正丹溪《金匮钩玄》三卷,附以己意。人谓无愧其师云。

(《明史·列传第一百八十七·方伎》)

附录二　戴思恭年谱简编[①]

幼年开蒙时期

(1—19 岁)

元泰定帝泰定元年(1324 年)1 岁

八月廿九日(阳历 9 月 17 日)出生。由诸暨儒者杨恒取字和号。

戴思恭,字原礼,号肃斋。幼承庭训,颖悟绝人,读书明大义。戴家世居马剑村(今诸暨市马剑镇),为当地望族。

朱丹溪时年 44 岁。戴暄时年 41 岁。赵良仁时年 21 年。戴士垚时年 18 岁。宋濂时年 15 岁。戴良时年 8 岁。朱元璋时年 5 岁。张士诚时年 4 岁。

元惠宗至元二年丙子(1336 年)13 岁

阳历 10 月 26 日,戴思温出生。

元惠宗至元四年戊寅(1338 年)15 岁

朱丹溪赴浦江九灵山为戴士垚母治病,七月戴士垚母去世。

青年学医时期

(20—27 岁)

元惠宗至正三年癸未(1343 年)20 岁

戴士垚率子戴思恭、戴思温,与赵良本、赵良仁同日师事朱丹溪,均承青睐。

---

① 我以“学医、行医、御医”为主线,将戴思恭的人生轨迹大致划分为五个时期。

元惠宗至正四年癸未(1344 年)21 岁

去萧山楼塔探望生病的姑妈,三个月后返;初见楼英。

元惠宗至正七年丁亥(1347 年)24 岁

十月,朱丹溪撰《格致余论》成,请宋濂题词;另朱丹溪又编写成《局方发挥》。

元惠宗至正八年戊子(1348 年)25 岁

冬,朱丹溪复书戴士垚。

元惠宗至正九年己丑(1349 年)26 岁

七月,长子戴宗儒生。

十一月,父戴士垚卒,享年 44 岁。

元惠宗至正十年庚寅(1350 年)27 岁

戴思恭继续学医,与朱丹溪时有信札往来,多所请益。祖父戴暄去世,享年 68 岁。

壮年行医时期

(28—50 岁)

元惠宗至正十三年癸巳(1353 年)30 岁

赵良仁时年 50 岁,前往吴中,从官宪司而后辞,1356 年返回浦江。

戴思恭干粮芒鞋,徒步于浦江马剑、义乌赤岸之间。

元惠宗至正十七年丁酉(1357 年)34 岁

八月,张士诚降元。赵良仁复还吴中,遂占籍长洲,后以高寿终。

冬,戴思恭自嘉禾(嘉兴)归,访楼英于萧山楼塔,二人促膝细谈,共探《内经》奥义。

元惠宗至正十八年戊戌(1358 年)35 岁

朱丹溪(1281—1358 年)逝世,享年 78 岁。《金匮钩玄》初刊。

元惠宗至正十九年己亥(1359 年)36 岁

戴思恭悬壶吴中,医名大震,并与王宾交厚。

宋濂开始追随朱元璋。

元惠宗至正二十年庚子(1360 年)37 岁

戴思恭整理编纂《丹溪医案》。

元惠宗至正二十一年辛丑(1361 年)38 岁

《丹溪医案》被王宾窃走。赵良仁子赵友同生。

戴良任淮南江北等处行中书省儒学提举,去苏州赴任。

元惠宗至正二十四年甲辰(1364 年)41 岁

母亲刘氏亡故,享年 56 岁。戴思恭返浙奔丧,次年又请宋濂为父撰墓志铭。

明太祖明洪武二年乙酉(1369 年)46 岁

宋濂为戴思恭撰《题朱彦修遗墨后》,谓“原礼以其学行于浙河之西,从之者日益多”。

明太祖洪武三年庚戌(1370 年)47 岁

编辑《丹溪手镜》。

入京御医时期①

(51—79 岁)

明太祖洪武七年甲寅(1374 年)51 岁

太医院石逵荐戴思恭为医官,到南京后辞不受而归;宋濂为作《送戴思恭还浦阳序》,刘基作《送戴原礼归金华》。戴思恭可能从 34—51 岁都在浙西行医,此后在故乡附近行医,偶尔赴浙西乃至南京行医。

明太祖洪武十三年庚申(1380 年)57 岁

楼英《医学纲目》成稿,戴思恭作联“闭户著书多岁月,挥毫落笔如云烟”。

明太祖洪武十四年辛酉(1381 年)58 岁

宋濂在流放途中病死于夔州,享年 72 岁。

明太祖洪武十六年癸亥(1383 年)60 岁

叔戴良亡于南京,享年 67 岁。

---

① 戴思恭真正在太医院才十年时间,但戴思恭多次自己说当御医二十年,那是从为皇家服务开始算起。我认为这一阶段应该从进入皇家视野开始,所以将“入京”和“御医”算在一起,大致是三十年。

明太祖洪武十九年丙寅(1386 年)63 岁

三月二十九日,戴思恭去北京治愈燕王瘕聚。

后晋王以疾召,随获神验,重沐赐赍。

八月,太监陈彩驰驿迎公至,仍赐月俸。

燕王命袁宝、王彬从戴思恭学。是岁赐礼币。

召戴思恭长子戴宗儒至晋王府为御医。

明太祖洪武二十二年己巳(1389 年)66 岁

弟戴思温入北京给燕王治病,入侍燕王府三年。

明太祖洪武二十四年辛未(1391 年)68 岁

戴思恭汤火并用,治后军都督沐晟之母(沐英之妻)湿痹。

明太祖洪武二十五年壬申(1392 年)69 岁

太子朱标疾革,征戴思恭入朝。授院使而辞,后接受御医之职,授阶迪功郎。

弟戴思温自北京返路上于 5 月 23 日卒,享年 57 岁。

明太祖洪武二十六年癸酉(1393 年)70 岁

治尚书严震直病,太祖令戴思恭好治之,否则偿命。一剂而愈。

明太祖洪武二十七年甲戌(1394 年)71 岁

长子戴宗儒卒,享年 45 岁。

明太祖洪武二十九年丙子(1396 年)73 岁

戴思恭著《推求师意》。

明太祖洪武三十一年戊寅(1398 年)75 岁

晋王末疾,戴思恭疗之,愈已再发,即卒。太祖怒逮晋王府诸医。戴思恭从容进劝,诸臣百余人由是免死。

五月二十四日庚午,太祖病剧,召太医院诸医,诘其治疾无状者,敕付狱,正其罪。复进戴思恭至榻前,慰勉勿恐。

太祖卒后,建文帝朱允炆即位,“罪诸医,独擢思恭太医院使”。

六月初四燕王给戴思恭手信。

明惠帝建文元年己卯(1399 年)76 岁

戴思恭订正古今名方三百余,为太医院用方。

戴士垚以其子贵而被追赠为太医院使。

明惠帝建文二年庚辰(1400年)77岁

韩王朱松题戴思恭书室“肃斋”赠。都察院御史卢原质有《肃斋序》,吏部尚书蹇义有《肃斋跋》。

楼英卒,嘱子楼宗望师事戴思恭。

明惠帝建文四年壬午(1402年)79岁

秋,辽简王朱植书“仁义”二字宠赐戴思恭。庆靖王朱栴作《仁义赞》,肃庄王朱楧作《仁义跋》。

致仕归里时期

(80—82岁)

明成祖永乐元年癸未(1403年)80岁

戴思恭年老乞归,四次得以成功,以太医院使致仕。

明成祖永乐二年甲申(1404年)81岁

三月,戴思恭致仕归里。

十月,坠楼卧病。

明成祖永乐三年乙酉(1405年)82岁

三月,次子戴宗俨卒,享年45岁。

四月,成祖遣内臣杜典、院判袁宝,赍赐礼币楮镪至戴思恭家,以安车迎入,召见。

九月,戴思恭复请归家,成祖赐金绣罗衣一件。

归家后,年底祭拜朱丹溪。

十月十五日,成祖敕礼部同乡官驰驿送戴思恭归。

十月二十八日抵家,十一月十三日,忽患左颔游风;十月二十一日(阳历12月12日)卒,享年82岁。

明成祖永乐四年丙戌(1406年)

二月,礼部以闻,皇帝嗟悼,遣官祭以牲醴,制祭文褒美,恩至渥也。

参考文献

一、书籍：

[1] 戴关土.戴氏宗谱.

[2] 戴关土.明代医学之冠戴思恭[M].香港：中国文化出版社，2008：1.

[3] 刘时觉.丹溪学研究[M].北京：中医古籍出版社，2004：1.

[4] 焦竑.国朝献征录[M].扬州：江苏广陵书社有限公司，2013：6.

[5] 朱震亨.金匮钩玄[M].北京：人民卫生出版社，2006：7.

[6] 戴原礼.秘传证治要诀及类方[M].北京：人民卫生出版社，2006：6.

[7] 戴思恭.推求师意[M].南京：江苏科学技术出版社，1984.

[8] 刘时觉，薛轶燕编校.丹溪逸书[M].上海：上海中医药大学出版社，2005.

[9] 戴良.戴良集[M].长春：吉林文史出版社，2009：12.

[10] 宋濂.宋濂全集[M].杭州：浙江古籍出版社，1999：2.

[11] 柳贯.柳贯诗文集[M].杭州：浙江古籍出版社，2004：8.

[12] 张廷玉.明史[M].北京：中华书局，1974：1.

二、报刊论文：

[1] 史常永.罗知悌传稿[J].上海中医药杂志，1985(6)：46.

[2] 陈天祥，沈万生.戴思恭与《金匮钩玄》[J].中医杂志，1989(6)：12-14.

[3] 杨杏林.论戴思恭对丹溪学说的贡献[J].吉林中医药，1990(3)：38-39.

[4] 陈葛满.宋濂简谱(续)[J].浙江师范大学学报(社会科学版),1994(5):79-83.
[5] 冯汉龙.丹溪《复戴仲积书》介绍[J].浙江中医杂志,1995(1):37.
[6] 陈汉雄,朱祖光,宣建大,等.《推求师意》考析[J].浙江中医杂志,1999(4):163-163.
[7] 赵胜权.戴思恭学术思想撷英[J].光明中医,2001,16(1):48-50.
[8] 杨威.明代"医国第一士"戴原礼[J].古今谈,2001(3):24-26.
[9] 李林.《秘传证治要诀及类方》的考证[J].内蒙古中医药,2002,21(6):39-40.
[10] 陈汉雄.《戴原礼医论》文献引证的探讨[J].中华医史杂志,2003,33(1):57-59.
[11] 沈思钰,张永文,商玮,等.戴思恭对朱丹溪中风论治学术思想阐发探要[J].云南中医学院学报,2004,27(3):7-7.
[12] 刘时觉,薛铁燕.《丹溪医案》的流传和考证[J].中华医史杂志,2005,35(2):79-82.
[13] 蒋晖.王仲光"偷艺"[J].苏州杂志,2007(4):84-85.
[14] 谢晓丽,张琳叶,焦振廉,等.朱丹溪医案的文献调查与讨论[J].中医文献杂志,2009,27(6):11-14.
[15] 焦振廉,武燕洁.略论金元四大家学术的学派特点与发生依据[J].山西中医学院学报,2009,10(5):2-4.
[16] 陆治平,陈超.吴门医派之源、涵、流刍议[J].环球中医药,2010,3(6):458-460.
[17] 杜松,张玉辉."丹溪学派"形成及其影响[J].云南中医学院学报,2011,34(6):1-3.
[18] 龙玲.戴思恭郁证、痰饮证治学术思想探析[J].山西中医学院学报,2012,13(3):22-23.
[19] 严余明,竹剑平.《金匮钩玄》学术思想探讨[J].浙江中医杂志,2013,48(1):60-61.
[20] 李曌华,王育林.疾病词"瘸""痱""膰""瘘"等考证[J].长春中医药大学学报,2015,31(6):1303-1306.
[21] 杨税,吴梦婷,李辉.吴门医派历史发展初探[J].亚太传统医药,2016,12(18):16-17.
[22] 任红敏.元代科举对元代文坛格局的影响[J].齐鲁学刊,2017(2):133-139.

三、硕士博士毕业论文：

[1] 黄亚俊.吴门医家学术流派研究[D].南京：南京中医药大学，2012.

[2] 彭莎.元代浙西儒士群体研究[D].南京：南京大学，2013.

[3] 郭昌远.明代太医院研究[D].福州：福建师范大学，2014.

[4] 王小琴.黄溍社会关系网络研究[D].武汉：华中师范大学，2014.

[5] 李茜茜.元末明初吴中文人群体研究[D].上海：复旦大学，2014.

[6] 樊金.河间学派述论[D].保定：河北大学，2015.

四、研讨会论文：

[1] 朱定华.楼英与《医学纲目》[C]//庆祝中国中医研究院成立五十周年首届中医药发展国际论坛暨首届中医药防治艾滋病国际研讨会论文集，2005.

[2] 商传.明成祖患病考[C]//明长陵营建六百周年学术研讨会论文集，2009.

[3] 张贵才.新安医学与丹溪学说之渊源[C]//中华中医药学会中医药文化分会全国中医药文化学术研讨会论文集，2010.

后　记

《戴思恭传》是我写的第三本传记。前面两本，一本是《海子诗传：麦田上的光芒》（修订版《海子传：幻象和真相》由河南文艺出版社 2018 年 5 月出版），一本是《戴良传》（光明日报出版社 2014 年 4 月出版），这两位传主都是诗人。而本书的传主戴思恭，则是一位医家。我根本不熟悉医学，尤其是古代中医，这对我的挑战是巨大的。

我把以往的传记写作经验，概括为两句话；本次写作中，其实也贯穿着、落实着这两句话。

一句是，"让传主自己说出来"。这是文学化的说法，说得实在点，就是让写作者充分占有传主各方面的资料，用资料来说话。写作者积累的资料越多，传主的形象就越鲜明、生动、丰满。但是有关戴思恭的资料并不多，《明史》短短几句话，居然还有错讹需要纠正。我找过本地一些图书馆，居然连戴思恭编写的医学书籍都没有收集，戴思恭自己撰写的文章、诗歌就更难找到了。我认为，遇到一个缺少资料的传主，单靠想象和虚拟是一种写作犯罪。幸亏现在互联网发达，从一些文章的字里行间，可以挖出很多东西，补充一些事实。比如，在戴思恭一生中，"行医浙西"是一件大事。但到底是几几年到几几年？我根据一些资料做出了细致的推论。我自信这个推论是站得住脚的，因为这是用戴思恭亲历的资料来说话的。

另一句是，"我要让传主活出来"。这个"我"就是写作者。在写作中，必须动用写作者的主观能动性，对传主进行"凝视"和"发现"（余华语），对传主的言行情思进行身临其境的揣摩，内心里和传主对话交流，让写作者在写作过程中易身为传主，想传主所想，为传主所为。有关戴思恭的资料不多，所以留下的空白多，但这些空白不是真空，而是有蛛丝马迹连缀着的，通过写作者的努力拼搭，这些蛛丝马迹会清晰起来。比如，作为皇家第一御医的戴思恭，起先为何不愿意加入这支队伍，后来又为何愿意了？在查到的资料里几乎没有涉及这个变化的契机。又比如在资料里，我们发现只有晚年濒死的朱元璋说戴思恭是“仁人”，那么朱元璋遇到什么情况后才说戴思恭是“仁人”？这些就需要发挥写作者的主观能动性了。所以，我要做好、做实一些补充空白的事情。通过填充这些空白，让戴思恭在我的作用下“活”过来。

面对诸暨的乡贤戴思恭，我有责任将他写好。本书里，我尽量让历史上的戴思恭复活，但也深知，这个戴思恭只是当下我视野里的戴思恭，而不是一个最终定型的戴思恭。学者们对戴思恭医学的研究比较多，但对其生平的研究比较少，此前仅有戴关土汇编出版的资料集《明代医学之冠戴思恭》一书，我写作本传时参考了此书的很多资料。本传可能是学界第一本最完备的戴思恭传记，读者若在审读过程中见到错漏之处，敬请批评。或许在本传的抛砖引玉下，会有更好的《戴思恭传》出现。让我们有所期待吧！

找资料的过程是千辛万苦的，写文字的过程是枯燥难挨的。幸亏，这一切都过去了，而过去的时光，就连伤感也都变得那么迷人。在写作时光里，我的生活出现了一些不如意，周围不断有大小麻烦出现，煎熬着我，感谢有长辈、亲人、朋友伸出的援手，让我心有支撑——真心感谢你们，祝福你们！

边建松

2018 年 1 月 28 日于诸暨市草塔中学

补记：感谢文联金海炯、郦海燕两位老师在出版事务上的努力，感谢老友宣浩军百忙中慨然答应审读全稿且写序的情谊。年且半百，幸亏记得“小人物的事情体现在努力上”一句，事情牵掣着我们，但也推促着我们不断向前。所以，此书不是结束，而是个“破题儿”的开头。

2019 年 10 月 10 日于詹家山